COUR DES PAIRS.

ATTENTAT DES 12 ET 13 MAI 1839.

RAPPORT

FAIT A LA COUR

PAR M. MÉRILHOU,

COMPRENANT

LA SECONDE SÉRIE DES FAITS PARTICULIERS.

PARIS.
IMPRIMERIE ROYALE.

—

1839.

COUR DES PAIRS.

SÉANCE

DU 16 DÉCEMBRE 1839.

RAPPORT

FAIT À LA COUR PAR M. MÉRILHOU, L'UN DES COMMISSAIRES (1)
CHARGÉS DE L'INSTRUCTION DU PROCÈS DÉFÉRÉ À LA COUR DES
PAIRS PAR ORDONNANCE ROYALE DU 14 MAI 1839.

MESSIEURS,

Dans le rapport que nous avons eu l'honneur de soumettre à la Cour les 11 et 12 juin dernier, nous vous
avons fait connaître le caractère général de l'attentat
dont le jugement vous a été déféré. Nous avons indiqué
les charges que les premières instructions avaient produites contre vingt-deux prévenus. En vous annonçant alors « *que les autres instructions se poursuivaient,*
« *qu'aucune d'elles n'était encore complète, et que vous*

(1) Les commissaires étaient M. le baron PASQUIER, Chancelier de France, Président de la Cour, et MM. le duc DECAZES, le comte DE BASTARD, BARTHE, MÉRILHOU,
et le baron DE DAUNANT, commis par M. le Chancelier, Président.

1

«*aviez sous les yeux tous les résultats qui étaient, quant à*
«*présent, acquis et complets.....*» nous ajoutions que «*plus*
«*tard, et à mesure que l'instruction se développerait à*
«*l'égard des autres prévenus, nous viendrions vous sou-*
«*mettre les preuves obtenues.*»

La Cour, après avoir déclaré sa compétence, a prononcé la mise en accusation des prévenus compris dans
notre premier rapport, et, à la suite de débats solennels,
elle a statué définitivement sur le sort de ceux de ces prévenus qui se trouvaient sous la main de la justice.

Depuis cette époque, nous nous sommes livrés avec
persévérance et sans relâche à l'accomplissement de la
haute mission que votre arrêt nous avait confiée. A mesure
que les progrès de la procédure nous ont fixés sur la position de certains prévenus, si nous avons été convaincus de
l'impossibilité de réunir à leur égard des charges suffisantes pour établir leur culpabilité dans l'attentat dont la
Cour est saisie, nous avons proposé leur élargissement, et
des ordonnances de *non-lieu* ont été rendues par votre
commission des mises en liberté, sans attendre le résultat
final de l'instruction. C'est ainsi que cette commission a,
sur notre rapport, et sur les réquisitoires du ministère
public, prononcé, dans le courant d'août, 170 mises
en liberté ou ordonnances de non-lieu à l'égard d'individus non détenus. Elle en a prononcé 75 dans le mois
d'octobre, 40 dans le mois de novembre, 30 enfin dans les
premiers jours de ce mois; en sorte qu'aujourd'hui il ne
reste plus que 39 détenus, contre lesquels il nous a paru
qu'il existait charges suffisantes d'avoir pris une grave
participation à l'attentat des 12 et 13 mai dernier.

BLANQUI (Louis-
Auguste) , âgé de
34 ans, demeurant à
Gency , près Pon-
toise (Seine-et-Oise).

Au moment où l'instruction touchait à sa fin, a été
effectuée l'arrestation d'un accusé dont le nom a souvent
retenti dans cette enceinte, mais qu'on pouvait croire
définitivement échappé aux recherches de la justice :
c'est *Louis-Auguste Blanqui*, mis en accusation par votre

arrêt du 12 juin dernier, à raison de sa participation à l'attentat du 12 mai, et arrêté à Paris le 14 octobre, au moment où il venait de monter en diligence pour se rendre en Suisse. Dans les interrogatoires par lui subis depuis son arrestation, *Blanqui* a été fidèle aux statuts des sociétés secrètes dont il a été l'un des membres les plus influents; et, comme l'avaient fait avant lui *Barbès* et *Martin Bernard,* il a refusé de répondre aux questions des commissaires de la Cour. A l'exception de la reconnaissance de son identité, il s'est renfermé dans le silence le plus absolu, laissant ainsi intactes toutes les charges que l'instruction a produites contre lui, et qui, loin d'avoir diminué depuis l'arrêt de mise en accusation, n'ont fait que se fortifier par le résultat des recherches qui ont suivi.

Dans notre rapport des 11 et 12 juin, nous vous avons fait connaître la longue permanence du complot d'où est sorti l'attentat du 12 mai; nous avons montré, depuis la conspiration du mois d'avril 1834, la haine infatigable des ennemis de l'ordre public, se produisant presque périodiquement, chaque année, sous les formes les plus hideuses et les plus menaçantes : tantôt c'est le régicide plusieurs fois tenté avec une effroyable frénésie, tantôt c'est l'insurrection militaire essayée dans une de nos plus importantes cités; l'intervalle d'un crime à l'autre n'est rempli que par le panégyrique du crime de la veille, pour ouvrir la voie à celui du lendemain. Ainsi l'esprit de désordre est arrivé, de révolte en révolte, et d'apologie en apologie, jusqu'à l'attentat du 12 mai dernier, qui, à son tour, a trouvé des panégyristes dignes de lui.

Nous n'ajouterons rien à ces tristes souvenirs; nous ne répéterons pas que les insurgés du 12 mai, plus hardis ou plus francs que ne l'avaient été leurs devanciers, ont levé l'étendard contre la propriété, fondement de toute société

1

régulière, et que, pour préluder à la réforme d'un établissement politique dont ils proclament la corruption, les voies persuasives ne leur suffisant plus, le pillage et le meurtre prémédité sont devenus, à leurs yeux, des moyens d'exécution nécessaires.

Nous ne reproduirons pas les récits affligeants que la Cour connaît déjà : toutefois, les accusés nouveaux devant amener l'exposition des faits qui leur sont propres, il deviendra nécessaire de rattacher ces faits individuels, soit comme préparation, soit comme exécution, à l'attentat du 12 mai, dont le but avéré était le renversement du Gouvernement qui nous régit. Les faits dont nous avons à vous entretenir complètent ceux que vous connaissez, mais sans en changer le caractère.

Si quelques individus se présentent dans une position isolée, des notices particulières préciseront les charges qui existent contre eux, sans qu'il soit besoin de revenir sur les faits généraux auxquels ils ont pris part, et pour lesquels il suffira de se reporter au rapport des 11 et 12 juin.

Mais plusieurs prévenus ont une situation qui les lie avec certains autres; pour ceux-ci quelques rapprochements sont nécessaires : ils jetteront un jour suffisant sur les points intermédiaires qui les rattachent à l'attentat.

CHARLES (Jean), âgé de 33 ans, marchand de vin, né à Aigues-Perses (Puy-de-Dôme), demeurant à Paris, rue de Grenelle-Saint-Honoré, n° 13.

Ainsi, d'abord, la position du nommé *Charles* (*Jean*) et des individus qui se groupent autour de lui est digne d'une sérieuse attention.

L'organisation de la société des *Saisons,* comme celle de la société des *Familles* qui l'a précédée, a été dirigée, dès le principe, vers l'enrôlement des classes ouvrières, soit qu'une instruction nulle ou insuffisante ait paru aux fondateurs donner plus de facilité à la séduction et plus de prise aux sophismes anarchiques, soit qu'on ait senti plus particulièrement le besoin d'avoir à disposer d'une classe d'individus où la force physique domine.

C'est, en effet, l'obéissance passive qui était prescrite comme le premier de tous les devoirs, comme celui dont l'accomplissement importait le plus au succès de l'entreprise. A une force armée qui obéit, disait-on, aveuglément aux pouvoirs supérieurs de la société, il fallait opposer une force armée non moins docile aux ordres des chefs du complot. Aussi les fondateurs de ces associations ont senti la nécessité d'offrir, aux adeptes qu'ils allaient engager dans les voies périlleuses des conspirations, une sorte d'assurance contre les fâcheux résultats des poursuites de la justice; c'est-à-dire, des secours pour ceux qui seraient mis en état d'arrestation, soit pendant l'instruction, soit après le jugement, et des indemnités pécuniaires pour leurs femmes et leurs enfants. Cette sorte d'institution, administrée dans des vues de sincère philanthropie, et appliquée à tous les prisonniers sans distinction de la nature de la prévention, aurait pu n'être qu'une œuvre de bienfaisance; mais, en restreignant ces secours aux prisonniers poursuivis ou condamnés pour complot contre le Gouvernement, en environnant d'une sorte de faveur spéciale des faits que la raison et la loi placent au premier rang de la criminalité, on offrait une prime d'encouragement à ceux que des enseignements pervers avaient d'avance disposés à les commettre. D'un autre côté, nous avons déjà exposé, dans notre premier rapport, les abus qui ont été faits de cette prétendue philanthropie politique, puisque les fonds versés pour secourir les prisonniers ont servi souvent à acheter de la poudre et du plomb pour faire des cartouches.

Nous allons voir comment l'existence de cette caisse de secours s'est liée à l'exécution de l'attentat du 12 mai et aux menées de ses principaux directeurs.

Vous vous rappelez que l'arrestation du condamné

Martin Bernard a été l'un des derniers actes de la première phase de l'information : cette arrestation, qui a permis de ne pas laisser impuni un des principaux moteurs de la révolte, a été d'ailleurs féconde en résultats, par la nature des documents dont elle a amené la saisie. On sut, en effet, à l'époque où elle eut lieu, que l'asile où ce chef fut découvert lui avait été secrètement procuré par les soins de ses affiliés, et que la mission de le lui préparer avait été confiée au nommé *Charles (Jean)*, marchand de vin, rue de Grenelle-Saint-Honoré. Cet homme était depuis longtemps surveillé par l'autorité, et l'on avait même saisi chez lui, l'année précédente, un dépôt considérable de munitions. On l'interrogea : il avoua, en effet, que c'était lui qui avait placé *Martin Bernard* dans le lieu où il avait été arrêté ; il convint que les meubles en avaient été fournis par lui ; seulement il prétendit n'avoir, pour rendre ce service, pris conseil que de son humanité.

Quoi qu'il en soit, une perquisition fut faite à son domicile, et l'on y trouva le dépôt des papiers et pièces relatifs aux souscriptions mystérieuses opérées dans le cours de l'année parmi les membres du parti républicain, ainsi que l'état de la plupart des rentrées et des dépenses auxquelles on les avait employées. Ces souscriptions, Messieurs, se lient trop intimement à notre sujet pour que nous ne vous en fassions pas connaître l'origine et les développements.

Leur but ostensible est la distribution de secours aux détenus politiques et à leurs familles. Le premier appel de ce genre, fait depuis les lois de septembre, l'a été en 1836 : à cette époque parut une circulaire qui a été saisie dans le cours de l'instruction et qui, destinée sans doute à se répandre parmi les affiliés, les adjurait de donner des secours aux détenus politiques, par le motif *que jamais malheur n'avait été plus digne de leur sympathie.*

Cette pièce, qui est jointe à votre procédure, porte les signatures de MM. *de Cormenin, Garnier-Pagès et La-*

mennais, accolées à celle de *Raban*, dont vous vous rappelez la condamnation : celui-ci a été le premier trésorier de cette caisse. Dans l'espace de dix-huit mois, il eut un maniement de 14,000 francs dont il dirigea seul l'emploi, sans être tenu d'en rendre compte. Au moment de son arrestation, il fut constaté qu'il devait rester entre ses mains un reliquat de 6 à 700 francs qu'on ne retrouva plus en sa possession, et qui représentait presque exactement la valeur des munitions dont il était détenteur; mais, tout en ayant la preuve que *Raban*, dont les ressources étaient fort bornées, n'avait point personnellement supporté les frais d'acquisition de ces objets, on n'a pu toutefois s'assurer judiciairement s'ils provenaient des fonds d'origine mystérieuse dont il était dépositaire.

C'est à cet individu qu'a succédé le sieur *Charles* (*Jean*) dans l'administration de cette caisse; quelques renseignements semblaient aussi faire croire qu'il partageait ce soin avec un autre inculpé, le nommé *Stevenot*, qui depuis le 12 mai a disparu de son domicile, et que l'on a su avoir été blessé dans les rangs des insurgés. *Stevenot* est compositeur en imprimerie et a été plusieurs fois poursuivi comme membre de sociétés secrètes : en 1834, il appartint à celle des Droits de l'Homme, et, plus tard, à un démembrement de cette société qui, sous le nom de *Communiste* ou *de la Communauté*, tentait la réalisation de l'utopie de *Babœuf*, le partage des biens et l'égalité du travail. Jusqu'à présent, les recherches qui ont été faites de sa personne ont été infructueuses; mais on a découvert à son domicile un grand nombre de pièces qui semblaient se rapporter au rôle qu'il remplissait avec *Charles*; on en a saisi d'autres qui donnent la mesure de ses opinions politiques : on y lit cette phrase isolée qui semblerait annoncer de sa part la connaissance de l'événement qui se préparait :

Les idées républicaines feront bientôt un grand pas, un

pas décisif, un pas qui, pareil à la secousse d'un trem-blement de terre, changera toute la face du monde....

Et puis cette autre :..... *La royauté de juillet est un arbre placé au milieu d'un ruisseau pour arriver à l'autre rive..... la République.....*

Tel était le collaborateur de *Charles;* mais à celui-ci appartenait le principal rôle dans ces menées : c'est lui qui tenait les écritures et qui recevait les fonds, mais en ayant soin d'inscrire toujours sous le voile de l'anonyme les noms de ceux qui les lui remettaient, précaution qui semble indiquer qu'il était nécessaire que les souscrip-teurs fussent toujours à l'abri de toute recherche; aussi, en parcourant les registres, n'y trouve-t-on que des men-tions telles que celles-ci : 3 anonymes, — 4 *idem,* — plu-sieurs citoyens, — 1 patriote, — plusieurs compagnons, — une société....; ou bien des noms ne désignant per-sonne, tels que *Maurice..... Étienne...... Louis.* Une seule fois on lit : *Louis, de p'. national.*

Les états de recette saisis chez *Charles* ne commencent qu'à la fin de février 1839 : de cette époque au 20 juin, jour de la saisie, on ne trouve portée qu'une somme de 1,285 francs 45 centimes; mais il est évident que les ver-sements ont dû être plus considérables, puisque, dans le même intervalle, on voit, par les quittances, qu'il a été distribué 1,547 francs, ce qui, pour les distributions, donne un excédant de près de 300 francs sur les recettes ostensibles.

On ne peut donc connaître exactement quel a été le montant de ces souscriptions, ni éclaircir quel en a été l'emploi. Ont-elles servi à réunir un dépôt de poudre pareil à celui qui fut saisi chez *Charles* en 1838, ou bien à fournir aux insurgés des balles dont on a encore retrouvé chez lui quelques-unes le 20 juin; ou bien n'ont-elles été consacrées qu'à donner, comme on l'a fait pour *Martin Bernard,* à quelques insurgés, les moyens d'échapper à la justice? C'est ce que l'instruction n'a pu parvenir à préciser. Il est toutefois à remarquer qu'on a saisi sur *Martin Bernard*, quand il a été arrêté, une note indiquant, avec une minutieuse exactitude, ses dépenses depuis sa fuite, circonstance qui, rapprochée de son manque absolu de ressources et de la complicité de *Charles* dans son recèlement, donne lieu de penser qu'il devait compte à quelqu'un de l'argent qu'il avait mystérieusement reçu.

Mais, parmi les dépenses dont les livres de *Charles* font foi, il en est une que nous ne saurions passer sous silence, et qui nous paraît avoir d'autant plus de portée qu'elle jette un grand jour sur l'ensemble des actes du parti: c'est la répartition, sur les 1,547 fr. distribués, d'une somme de 875 francs entre les auteurs et imprimeurs de ce *Moniteur Républicain*, dont nous vous avons fait connaître, dans notre premier exposé, l'esprit et la rédaction. Cette sorte de prime d'encouragement, proportionnellement si considérable (875 fr. sur 1,547), accordée aux auteurs d'une telle œuvre par le distributeur avoué et officiel des secours de la faction républicaine, par l'homme qui avait reçu mission de donner asile à l'un de ses principaux chefs, prouve quelle était à ses yeux l'importance de cette publication; elle fait justice du désaveu que vous avez entendu dans vos derniers débats, et nous confirme surtout dans la pensée que cette publication n'a point été, comme on s'est efforcé de le faire croire, un fait individuel et un accident isolé dans l'histoire du parti.

Parmi les pièces saisies chez *Charles* figurait une lettre adressée à la veuve d'un insurgé tué le 12 mai, et dans laquelle, en la prévenant qu'on ne pouvait plus lui fournir journellement du pain, on l'informait qu'elle eût à se présenter chez *Charles* pour y obtenir, comme les autres parents de *patriotes*, les secours dus à sa position : cette lettre était signée *Vilcoq*.

2

Le nom de ce dernier individu n'était pas nouveau pour la justice; il avait même, dès 1836, acquis une fâcheuse célébrité : car *Vilcoq* avait été soupçonné à cette époque, et quelques jours après l'attentat d'*Alibaud*, d'être à la tête d'un nouveau complot contre la vie du Roi; dans le cours de la même année, il se trouva compromis dans le procès de *Blanqui*, par l'insertion de son nom sur les listes de cet individu, et fut, à raison de cette circonstance, condamné à une peine d'emprisonnement à laquelle l'amnistie mit un terme en mai 1837.

Ainsi donc, comme *Barbès*, comme *Blanqui* avec lequel il était en rapport, comme tous les condamnés de l'affaire *Raban*, comme tant d'autres amnistiés, *Vilcoq* est un de ces hommes incorrigibles, qui reconnaissent par de nouveaux complots le bienfait dont ils ont été l'objet.

La présence de cet individu dans ces nouvelles intrigues, ses antécédents, ses rapports avec l'homme qui avait caché *Martin Bernard*, la part qu'il avait eue lui-même à la répartition de ces secours, auxquels, pour avoir droit, il suffisait d'être parent d'un prétendu patriote tué en mai; toutes ces circonstances donnèrent lieu de décerner, dès le 27 juin, un mandat d'amener contre le nommé *Vilcoq;* mais déjà il avait quitté son domicile, et l'autorité dut s'attacher à découvrir ses traces.

C'est en se livrant à ces investigations qu'on ne tarda pas à le trouver en fréquents et mystérieux rapports avec un nommé *Allard*, et qu'on fut amené, le 8 juillet, à faire chez ce dernier une perquisition qui procura la saisie de tout le matériel du nouveau *Moniteur Républicain*, publié le 16 juin, et celle du manuscrit d'un numéro que l'on s'apprêtait à publier; ces saisies furent suivies, le même jour, de l'arrestation de *Vilcoq*, qui reconnut que c'était lui qui avait confié à *Allard* tous les objets qui venaient d'être découverts, et qui avoua également que le manuscrit était écrit de sa main, prétendant toutefois qu'il n'en avait été que le copiste, et qu'il avait été étranger à l'émission du précédent numéro.

Malgré ces allégations, dont le jury a fait justice, c'est un devoir pour nous, Messieurs, de mettre sous vos yeux et l'écrit qui venait d'être saisi et celui qui a été imprimé et publié sous le titre de n° 9 et de continuation du *Moniteur Républicain*. Ce devoir est d'autant plus impérieux, que ces écrits sont relatifs aux événements dont on poursuit la répression; qu'ils ont été rédigés depuis la consommation de l'attentat du 12 mai; qu'ils émanent d'un individu poursuivi dans le cours de cette instruction; qu'ils n'ont été découverts que par suite de cette circonstance, et qu'évidemment ils sont encore un des anneaux de cette chaîne de complots et d'attentats qu'on ne peut connaître et signaler qu'en les rapprochant et les éclairant les uns par les autres. N'oubliez pas surtout que c'est dans ces écrits, tracés avec l'abandon qu'inspire l'espoir de l'impunité, qu'il faut aller chercher la pensée intime des partis. Vous allez apprendre en quels termes les hommes qui ont pris part à ces événements, jugent et leur propre conduite, et l'autorité qui les a réprimés, et vous-mêmes, Messieurs, qui êtes appelés à prononcer sur le sort des individus arrêtés.

Le n° 9 a paru le 16 juin dernier, dix jours avant vos débats; il porte la date du 30 prairial an XLVII; il a été généralement adressé par la poste et répandu par cette voie, à la différence des précédents numéros qui étaient déposés la nuit sur la voie publique et dans les maisons; il contient deux articles; le premier est intitulé : *Sur notre silence;* le second : *12 mai 1839.*

Celui qui a pour titre : *Sur notre silence,* est écrit pour donner des explications sur l'interruption survenue dans la publication du *Moniteur Républicain,* qui, dit l'auteur, «a existé, existe et existera toujours, en dépit de toutes «les polices.» «C'est pour ne pas aggraver la position

«des citoyens détenus à l'occasion de cette feuille, pour
«ne pas retarder leur jugement, et dans la crainte de
«voir redoubler les persécutions contre les patriotes,
«qu'il a été momentanément discontinué.»

On annonce, du reste, que l'esprit du journal conti-
nuera d'être celui de sa profession de foi, celle qui parut
en novembre 1837, dans le premier numéro, et qui se
résumait par ces mots :

«Faire et dire tout ce que les lois de septembre défen-
«dent sous peine d'amende, d'emprisonnement, ou même
«de condamnation capitale.»

Fidèle à cette doctrine, l'article finissait par ces
mots :...« Patriotes de toutes les classes, si bien (1) par
«la fortune et la science pour dominer l'opinion publique,
«vous qui méprisez et détestez, autant que nous, tout ce
«qui tient de près ou de loin à ce misérable gouverne-
«ment des floueurs des trois journées, qui vous a pris pour
«dupes..... vous ne craignez pas de rester muets et
«impassibles devant les infortunes du peuple, vous ne vous
«sentez pas bondir d'indignation et de colère contre ses
«oppresseurs, vous n'osez pas avoir foi dans les masses
«qui ne demandent, comme en juillet, pour en finir avec
«la royauté, qu'un signal, la garantie de quelques noms,
«et vingt-quatre heures de coups de fusil; non, non,
«vous n'osez pas, c'est bien entendu, vous préférez suivre
«le torrent, attendre, toujours attendre, et là, tout à côté
«de vos lâchetés sans exemple et sans excuse, vous n'a-
«percevez pas la misère et la faim aux joues creuses
«qui...... bientôt vous saisiront à la gorge, si vous ne
«vous hâtez d'en finir avec les guenilles monarchiques....»

Ainsi, toujours les mêmes excitations, toujours l'insurrection en vœux, en espérance, en projets; toujours la
guerre au système monarchique, et, comme par le passé,
toujours mêmes offenses envers le chef de l'État; assuré-

(1) Cette incorrection est dans le texte même du *Moniteur Républicain.*

ment, les provocations ne sont ni moins directes ni moins
ardentes, ni moins coupables que dans les numéros qui
avaient été précédemment condamnés.

Toutefois, l'article suivant, intitulé : *12 mai,* surpasse
encore celui-ci en violence; l'attaque contre le Roi et les
institutions, les provocations de toute nature au renversement du Gouvernement, l'attentat enfin, y sont écrits
dans chaque phrase; il est nécessaire d'en reproduire ici
quelques passages : les résumer, serait les affaiblir.

« Il y a un mois, dit l'auteur, nous avons voulu tra-
«duire nos principes en actions, l'idée a voulu devenir un
«fait: mais cette fois encore nous avons échoué, la royauté
«enregistre un triomphe de plus..... les 12 et 13 mai,
«quelques-uns des nôtres ont été vaincus, mais par le
«nombre: que Messieurs les monarchistes ne croient pas
«en avoir fini avec nous; qu'ils ne croient pas que cette
«tentative soit notre dernier mot......nos rangs ne sont
«pas éclaircis..... le sang féconde les idées, et pour un
«martyr il surgit vingt prosélytes.....

« Voyez depuis 1830 : notre parti, d'abord, n'en est
«pas un : il n'existe pas pour ainsi dire. Juin 1832 ar-
«rive, c'est son premier pas dans l'arène politique; il se
«révèle, il se constitue, il inscrit sur ses bannières : *Ré-*
«*publique.* Il est vaincu... Les droits de l'homme amènent
«1834, nous voici de nouveau dans les barricades : la
«garde nationale se bat avec acharnement, elle se fait
«gloire de nous exterminer au nom de l'ordre public.
«Oh! cette fois, la République est aux abois..... Oui,
«regardez, voilà que vont éclore les sublimes dévoue-
«ments : voilà que se succèdent tous les hommes d'élite,
«au-dessus desquels plane la grande et belle figure d'*Ali-*
«*baud;* nous en sommes au régicide, quel pas immense!...
«Aujourd'hui, la garde nationale.....garde la neutra-
«lité..... et commence à comprendre qu'on rapetisse
«le courage à défendre l'égoïsme et la cupidité d'un seul

«homme qui s'engraisse à leurs dépens comme aux
«nôtres.

   «Courage donc, citoyens; que les plus indifférents
«s'émeuvent; que ceux qu'une longue attente découra-
«geait voient bien que nous ne nous bornons pas à faire
«du républicanisme en utopie, et que nous ne séparons
«pas, comme nous l'avons déjà dit, les principes de l'ac-
«tion...... Quant à nous, apôtres persévérants de la
«révolte, nous allons continuer de la prêcher; notre pe-
«tite feuille ira familiariser les provinces les plus recu-
«lées avec nos principes révolutionnaires. Rapprochons-
«nous... formons une vaste association, qui ne s'appelle
«plus la société de tel ou tel, mais qui prenne pour
«devise : *Unité;* la centralisation peut faire triompher
«notre cause, c'est le levier tout-puissant qui renver-
«sera la royauté.....»

   L'article se termine par cette phrase :

   «Jetons, en finissant, quelques fleurs sur les tombeaux
«de nos nouveaux martyrs; mais ce n'est pas assez de
«pleurer ces illustres morts : Citoyens, que nos regrets
«soient plus efficaces, ils nous ont laissé des devoirs à rem-
«plir! Déjà des patriotes ont pris l'initiative, suivez tous
«leur exemple...... Il y a des veuves et des orphelins
«qui pleurent et manquent de pain; des blessés qui se dé-
«robent et manquent de secours; tous comptent sur nous.»

   Il était difficile, en moins de mots, de se rendre coupable
de plus de délits que n'en renfermait ce numéro, et on ne
pouvait, se proposant de continuer le *Moniteur Républicain,* mieux accomplir cette tâche, et plus fidèlement
rappeler et même copier cet écrit.

   Le manuscrit saisi le 8 juillet chez *Allard,* et dont
une partie, prête à être imprimée, était déjà composée et
placée dans une forme, surpasse cependant encore la violence de tout ce qui avait été déjà publié. Il est intitulé :
Aux Pairs de France. Après des injures ignobles, et les

plus atroces impostures dirigées contre la pairie, et contre plusieurs de ses membres en particulier, l'auteur de cette dégoûtante diatribe vous adresse ces paroles menaçantes :

«Prenez-y garde, le sang appelle le sang! Nous avons «bien voulu jusqu'à présent jouer à l'insurrection et épar- «piller quelques éclaireurs sur la place publique; mais «si vous ne craignez pas d'assassiner nos frères, à notre «tour nos représailles ne connaîtront plus de bornes; «vous nous verrez bientôt employer tous les moyens «contre vous individuellement; vous apprendrez à vos «dépens, un peu tard, qu'il est encore des hommes de «cœur parmi ce peuple fatigué de misère, et qui vous «semble avoir, pour toujours, donné sa démission.»

Telle a été, Messieurs, la continuation du *Moniteur Républicain,* œuvre essentiellement liée à l'ensemble des actes du parti, et organe fidèle de ses projets et de ses provocations : en présence d'une aussi infatigable persévérance dans le crime, d'un pareil besoin de troubles, et de telles incitations, il est permis d'appeler vos méditations de magistrats et de législateurs sur l'état d'une société où s'agitent tant de passions coupables.

Le nouveau *Moniteur Républicain* a donné lieu à un procès devant la cour d'assises de la Seine, et *Vilcoq* y a été condamné à huit ans de détention par arrêt du 30 novembre dernier.

Il ne faut pas perdre de vue que c'est parce que nous avons trouvé les auteurs du *Moniteur Républicain* en rapport avec le nommé *Charles (Jean),* que nous avons été amenés à parler de cette publication : mais ce n'est pas seulement à raison de ses relations avec ces individus, et à raison de la saisie faite chez lui des pièces et des fonds dont il était dépositaire, que nous avons à nous occuper de cet inculpé : l'instruction a fourni la preuve que son établissement était un des principaux centres des sociétés secrètes, et que c'était là qu'avait été agitée et décidée l'insurrection; voici, à cet égard, quels ont été les résultats de nos recherches.

Dans le cours du mois de juin, un nommé *Pons,* cuisinier de son état, fut signalé comme ayant appartenu à la société *des Saisons,* et pris part aux événements de mai; il fut arrêté, et fit d'importants aveux sur les menées de la société et sur les circonstances qui avaient précédé l'attentat.

Après être convenu qu'il avait été reçu membre de la société *des Saisons,* il a fait connaître quand, où et par qui il y avait été initié. Il a dit qu'il avait été aux réunions qui se tenaient chez *Charles,* et que c'était chez cet inculpé qu'elles avaient particulièrement lieu; puis il a ajouté :

« Quinze jours environ avant le 12 mai, j'ai appris dans «la société qu'il devait bientôt y avoir une attaque, et que «*Barbès, Blanqui* et *Martin Bernard* devaient tenir «une grande réunion chez *Charles* , marchand de vin, «pour s'entendre définitivement; mais je n'ai pas jugé à «propos d'aller à cette assemblée, dont j'entrevoyais le «danger. J'ai rencontré peu après le nommé *Alexandre,* «cuisinier; il me fit des reproches pour ne point être venu «à cette séance, me disant qu'on s'était entendu définitive- «ment, mais il ne me fit pas connaître quel jour devait «avoir lieu l'attaque.» (Interrogatoire de *Pons* du 18 juin, page 3.)

QUARRÉ (Bazile- Louis -Alexandre), âgé de 22 ans, cuisinier, né à Dijon (Côte-d'Or), demeurant à Paris, rue Louis-le-Grand, n° 20.

Lorsque *Pons* faisait ces révélations, il ignorait que l'individu qu'il désignait sous le prénom d'*Alexandre* était arrêté; son nom de famille est *Quarré,* et le 12 mai, au soir, il avait été saisi au milieu des insurgés dans le passage Beaufort, qui fut l'un des derniers théâtres de leur résistance.

A son tour, cet inculpé a été interrogé sur les mêmes faits; comme *Pons,* il a avoué avoir appartenu à la société, où même il avait le grade de *Juillet* (chef d'un mois); il a déclaré avoir été initié par *Martin Bernard,* et, invité à

s'expliquer sur la réunion qui avait précédé l'insurrection, il a dit : «qu'il reconnaissait bien avoir fait à *Pons*
des observations à l'occasion d'une séance à laquelle il
ne s'était pas trouvé, mais que cette séance n'était point
celle dont avait parlé celui-ci.» «Ce n'était pas pour se
«concerter sur l'insurrection qu'une réunion avait eu
«lieu : les *Juillets* avaient été convoqués dans un cabaret
«où on leur avait demandé de faire le dénombrement exact
«des hommes qu'ils dirigeaient; les *Dimanches* que j'avais
«sous mes ordres, a-t-il ajouté, avaient donné des rensei-
«gnements, d'autres en avaient donné de leur côté, et la
«revue du 12 mai avait lieu en quelque sorte pour s'assurer
«si les *Dimanches* avaient dit vrai.» Ainsi *Quarré* convint
qu'il s'était trouvé le 12 sur les lieux de l'insurrection
avec tous les hommes dont il disposait, mais, selon lui,
dans la pensée qu'il ne s'agissait que d'une simple revue.
Il reçut ordre du chef de saison d'aller rue Bourg-
l'Abbé...«Quand j'arrivai, dit-il, on avait déjà distribué
«des fusils; c'était un pêle-mêle et une confusion com-
«plète... On criait de toute part que le conseil exécutif
«était là et qu'on allait attaquer; d'autres criaient : *La*
«*proclamation! la proclamation!*..... Quant à moi, ne
«voyant pas mon chef de saison, je me suis cru délié et je
«n'ai fait que suivre passivement le rassemblement. J'errai
«longtemps dans ce quartier, et, ne trouvant pas d'issue, je
«suis entré dans le passage Beaufort, où j'ai été arrêté.»
Il est permis de douter de sa sincérité dans la partie de
cette déclaration où il veut établir que sa marche à la
suite du rassemblement a été inoffensive et même involon-
taire; car assurément, de trois heures à huit heures, moment où il fut arrêté dans le passage Beaufort, il aurait
très-certainement pu quitter le théâtre de la sédition, s'il
en avait eu la volonté. Sa position est d'autant plus grave
que des armes ont été trouvées abandonnées dans ce passage; qu'il est certain qu'il a été tiré de cet endroit des

coups de feu sur la troupe, et que c'est à la suite de la prise de la barricade de la rue Grenétat que les insurgés ont été refoulés et cernés dans ce passage.

Toutefois, si, en ce qui le concerne, l'inculpé *Quarré* a dissimulé la vérité, il est certain que sur d'autres points, et notamment sur tout ce qui se rattache à la société, il a fait des aveux pleins de franchise, et qui, on aime à le croire, lui auront été suggérés par le repentir dont il a plusieurs fois protesté.

Ainsi, interpellé sur le point de savoir si, en entrant dans la société, on savait s'engager à prendre part aux mouvements insurrectionnels, il a répondu : « Je ne « sais pas si l'on croyait généralement s'engager pour un « fait pareil à celui qui est arrivé; mais, dans ma pensée, « je supposais qu'il était bon que dans un moment de ré- « volution, c'est-à-dire de sédition générale, les travail- « leurs pussent se connaître entre eux, afin d'avoir un « point d'appui pour faire valoir leurs droits. Instruments « passifs, comme nous l'étions, il ne pouvait pas y avoir « chez nous de pensées de complot : le complot ne pou- « vait exister que dans la tête de l'association; nous « n'étions que les bras, et malheureusement on a fait de « nous un mauvais usage. »

Puis, à l'occasion de cette obéissance passive exigée de la part des affiliés, il a fait cette autre réponse : « Comme le Gouvernement a à sa disposition une force « disciplinée qui ne discute pas, on comprend qu'il était « de l'intérêt des sociétés d'avoir à lui opposer les mêmes « moyens : elles étaient organisées sur un pied d'obéis- « sance toute passive de la part des inférieurs pour leurs « supérieurs. »

Ces déclarations, qui jettent tant de lumière sur l'orga- nisation du parti républicain, révèlent tout le danger de ces associations ténébreuses, dont les chefs, au nom de l'égalité, s'arrogent le plus absolu despotisme, et dans lesquelles les malheureux adeptes, forcés d'abdiquer toute volonté, se plient, pour se soustraire à l'empire de la loi, au joug humiliant que leur imposent quelques hommes qui n'ont pour eux que l'audace ou l'hypocrisie.

Tout ce que nous avons dit jusqu'ici a démontré que l'insurrection du 12 mai a été le fruit d'un concert préparé de longue main par les sociétés secrètes, concert dans lequel elles ont joué le principal, et en quelque sorte l'unique rôle. Elles en avaient fait dès longtemps les préparatifs ; elles avaient réuni les munitions, les moyens de consommer l'attentat; elles s'étaient organisées militairement; elles avaient pendant plus d'une année prêché, conseillé et provoqué ce qu'elles voulaient exécuter; dans les jours qui l'ont précédé, elles avaient décidé et combiné l'attentat; leurs chefs avaient mandé à Paris ceux des affidés qui en étaient absents; enfin il est demeuré certain que *Barbès* avait donné les ordres, indiqué les lieux de réunion, et conduit au combat ses bandes dès longtemps disciplinées au moyen de revues, et en quelque sorte de manœuvres militaires. Ainsi, parmi les individus saisis sur les lieux de l'action, il en est que leurs antécédents rattachent intimement aux sociétés secrètes; mais, pour un grand nombre, la preuve complète de leur participation dans ces associations manquera peut-être à la justice : à force de braver les lois, on s'instruit à le faire avec plus ou moins d'impunité; tant de procès, tant de condamnations ont démontré pour les affiliés le danger des listes, qu'ils en sont venus à stipuler dans leurs statuts qu'il n'y aura rien d'écrit dans la société. Dès lors on est forcé de se borner à des conjectures à l'égard de plusieurs des hommes qui se trouvent sous la main de la justice : à la vérité, ces conjectures se changeront presque en certitude pour ceux d'entre eux qui, ayant déjà appartenu à des sociétés secrètes, ont été cette fois encore

3.

saisis sur les lieux du combat, et n'ont fait ainsi qu'obéir aux ordres qui leur ont été donnés par leurs chefs.

Avant d'arriver à cette catégorie d'inculpés, il est nécessaire, pour suivre l'ordre des faits, de revenir sur un homme dont il a été question dans notre premier rapport, et qui se trouve plutôt incriminé à raison des faits antérieurs à l'attentat, que de ceux qui l'ont accompagné.

MOULINES (Eugène), âgé de 28 ans, ingénieur, né à Carcassonne (Aude), demeurant à Paris, quai Jemmapes, n° 162.

Cet homme est le nommé *Moulines*. Vous vous rappelez que le grief dont il était l'objet était d'avoir adressé à un nommé *Maréchal*, résidant alors dans le département de l'Ain, une lettre qui le rappelait à Paris, où se préparaient de graves événements. Vous n'avez pas oublié avec quelle ardeur l'auteur de cette lettre pressait son ami de venir *s'enivrer du parfum de la poudre, de l'harmonie du boulet*, et le conviait à venir faire, disait-il, « *la conduite, extra muros, de la famille royale, que l'on enverrait probablement faire un tour de France, pour lui apprendre à vivre.* » (*Page 70, Rapport.*)

Moulines, lors de son arrestation, avait dit que cette lettre lui avait été suggérée par une fille *Menesson*, concubine de *Maréchal*, qui, voulant hâter le retour à Paris de ce dernier, et, connaissant l'exaltation de ses opinions politiques, avait prié *Moulines* de lui écrire dans ce sens, ne doutant pas qu'il se rendrait plutôt à de pareilles sollicitations qu'aux siennes propres. Cette fille, interrogée à cette époque, avait fourni des réponses qui concordaient parfaitement avec le système de *Moulines*; mais, depuis, elle est revenue à la vérité, et elle a confessé qu'elle avait jusqu'alors *menti à la justice* en déclarant que la pensée de la lettre incriminée lui appartenait; elle a avoué que c'était *Moulines* qui seul en était l'auteur, mais que, dans les quelques jours qui s'écoulèrent entre l'attentat et l'arrestation de ce dernier, il était venu lui dire qu'il avait écrit à *Maréchal* une lettre qui pouvait être saisie, et qui était de nature à le compromettre gravement; qu'elle pourrait le sauver, si elle

voulait en prendre sur elle la responsabilité, en lui faisant
observer que de la part d'une femme cette lettre n'aurait
point de résultats fâcheux, et ne pourrait surtout entraîner contre elle aucune conséquence judiciaire. C'était,
entraînée par ces suggestions, que cette fille avait con-
senti à cacher la vérité ; mais aujourd'hui elle revenait
sur ses déclarations, et annonçait enfin qu'elle avait été
complétement étrangère à cette missive.

Pendant que cette fille se décidait ainsi à rendre
tardivement hommage à la vérité, l'instruction révélait
un autre fait qui dépose tout aussi hautement de la culpabilité de *Moulines* dans l'attentat, et de la connaissance qu'il en avait avant son exécution.

Le samedi 11, il était dans le jardin de l'hôtel garni où
il demeure, quai Jemmapes ; il y aborda un officier du
53ᵉ de ligne, qui y demeurait depuis peu, et auquel il n'a-
vait point jusque-là adressé la parole. Il entama avec lui
une conversation sur la défense des places en général ;
et, arrivant d'une manière détournée au but réel qu'il
se proposait, il adressa à cet officier un grand nombre
de questions sur les meilleurs moyens de se retrancher.
L'attention qu'il portait à cette conversation, l'insistance
qu'il mettait dans ses questions furent telles, que le lendemain cet officier, lorsque la révolte éclata, fut vivement frappé de la coïncidence entre l'événement du
lendemain et la conversation de la veille. Aussi, a-t-il déclaré, lorsqu'il a été appelé à en déposer comme témoin,
qu'il ne doutait point que ce ne fût en vue du mouvement
qui a eu lieu que *Moulines* s'enquérait auprès de lui
avec tant de préoccupation et de soin de ce qui faisait
l'objet de sa conversation. Il serait trop étrange assurément que *Moulines*, qui prétend aujourd'hui avoir écrit
par hasard à *Maréchal* la lettre incriminée, eût aussi
par hasard, et la veille de l'insurrection, questionné
un officier sur les moyens de se retrancher et de se défendre.

Enfin, une troisième circonstance, que l'inculpé prétend expliquer par le même moyen, vient compléter la démonstration de sa culpabilité et donner encore une nouvelle preuve de la ruse avec laquelle il voulait arriver à ses vues ; sans laisser toutefois de trace de son passage dans la sédition.

Dans la soirée, il fit des tentatives pour se procurer un fusil ; mais, craignant d'exciter l'attention, il demanda à son logeur de lui donner le sien sous prétexte de le lui nettoyer et de le mettre en état, parce que, disait-il, le quartier était isolé et qu'on pourrait venir y commettre des vols. Refusé par le logeur, qui comprit probablement son motif, il s'adressa à un voisin de qui il essuya le même refus. Ce voisin a nié le fait, mais on est arrivé par d'autres voies à sa démonstration complète.

Qu'a fait *Moulines* le jour et aux heures où la sédition a grondé dans Paris ? A-t-il été, comme il l'a dit et comme il s'est trouvé des témoins pour le déclarer, se promener au Jardin-des-Plantes dès que les coups de feu se sont fait entendre, et y prendre paisiblement des rafraîchissements ? ou bien, comme d'autres témoins en ont aussi déposé, a-t-il paru dans les scènes qui ont eu lieu sur la place de l'Hôtel-de-Ville, et a-t-il concouru au désarmement du poste ? L'officier, qui le reconnaît pour l'avoir vu dans les rangs des insurgés, commet-il une erreur ? Le tambour, qui affirme le même fait, se trompe-t-il également ? C'est ce que les débats éclairciront sans doute. En tout cas, les faits que nous venons d'exposer laissent peu de doute sur la complicité de cet individu dans les circonstances qui ont préparé l'exécution de l'attentat.

Nous pourrions ici vous entretenir d'un autre incident antérieur au 12 mai, et concernant un nommé *Pruvost,* que vous avez condamné à dix ans de détention à l'occasion des événements d'avril, et qui a été aussi amnistié en 1837. Cet homme avait été inculpé d'avoir, dans les premiers jours de mai, embauché divers individus dans la vue du mouvement qui se préparait : ce qui donnait quelque consistance à cette inculpation, c'est que déjà, en 1835, ainsi qu'il résulte d'une pièce que nous avons mise sous vos yeux (Voir page 10 du 1er rapport, lettre de *Crevat* à *Spirat*), ce même *Pruvost* avait alors dans sa société des hommes dont il disposait, et qu'on lui disait de mettre en relation avec d'autres. Cette circonstance avait éveillé l'attention sur les nouveaux faits reprochés à cet individu; mais, quoique commis très-certainement à l'occasion de l'attentat, ils n'ont pu être suffisamment établis pour motiver le renvoi du nommé *Pruvost* à votre barre. Il n'y a donc pas lieu de s'en occuper davantage.

Nous arrivons, Messieurs, à vous parler de ceux des inculpés que leurs antécédents rattachent plus particulièrement aux associations secrètes, et qui, arrêtés, soit sur le théâtre de l'insurrection, soit à l'occasion de ces événements, prouvent par leur présence dans cette procédure l'action des sociétés dans la prise d'armes, en même temps que les faits spéciaux qui sont imputés à chacun d'eux déposent de leur culpabilité personnelle.

Vous connaissez, Messieurs, la proclamation insurrectionnelle qui fut saisie le 12 mai, et qu'un des accusés de la première catégorie a dit avoir été lue par *Barbès*, sur les degrés de l'hôtel de ville. On peut regarder comme établi le fait que cette pièce avait été annoncée aux sectionnaires, car vous vous rappelez que *Quarré* a dit dans ses déclarations que, lorsqu'il arriva dans la rue Bourg-l'Abbé, tout le monde demandait à grands cris la proclamation. Cet inculpé n'a pas dit si elle avait été lue dans cet endroit, et il est peut-être difficile qu'au milieu de la confusion qui y régnait, on ait pu en donner lecture; mais cette insistance à la demander prouve qu'on en connaissait l'existence, et ce fait vient lui donner un nouveau caractère de gravité, et démontre que ce n'est pas sans choix et sans motifs que certains noms y figurent, et y sont présentés comme gages de confiance et de succès pour la faction; il n'en était aucuns, en effet, qui puissent lui en inspirer davantage.

Les antécédents de *Blanqui,* de *Barbès,* de *Martin Bernard,* étaient suffisamment connus dans le sein des sociétés secrètes. Les deux premiers avaient joué le principal rôle dans l'affaire des poudres, le troisième avait été sans cesse poursuivi, et tous trois, dès 1835, avaient été réputés, par la faction, dignes d'être inscrits au nombre de ceux que l'on désigna publiquement pour conseils aux accusés d'avril. Ils ont répondu à l'attente de leurs sectaires; vous connaissez la part qu'ils ont prise dans les événements qui vous occupent : déjà *Barbès* et *Bernard* en subissent les conséquences, et *Blanqui,* alors en fuite, ainsi que *Meillard,* dont le nom se retrouve aussi sur la proclamation du 12 mai, ont été compris dans votre arrêt de mise en accusation du mois de juin dernier.

QUIGNOT (Louis-Pierre-Rose), âgé de 20 ans, né à Nanteuil-Audouis (Oise), tailleur, demeurant à Paris, rue Saint-Denis, nº 350.

Restent les nommés *Quignot* et *Nétré,* dignes d'avoir leurs noms associés à ceux des premiers, car déjà celui du second a figuré, en 1836, à côté de ceux de *Barbès* et de *Blanqui,* et, quant à *Quignot,* c'est un tailleur connu par son exaltation; quatre fois déjà il a été l'objet de poursuites judiciaires pour association illicite et pour complot. Arrêté le 5 mai 1837, il a été amnistié peu après.

Il passe pour constant que, quelques jours après son élargissement, il avait déjà recommencé ses trames politiques et pris une part active à la révolte du 12 mai. Dès le 11 il avait cessé de coucher chez lui; et, s'il faut en croire le bruit répandu à son sujet, il était au pillage de la maison *Lepage :* ce serait lui qui aurait enfoncé la porte d'entrée de cette maison; il aurait même cassé son fusil par suite des efforts qu'il aurait faits pour soulever la porte sur ses gonds. Il aurait ensuite jeté des armes par les fenêtres, puis il se serait sauvé; un peu plus tard, il aurait été

à l'attaque de l'hôtel de ville, de la place du Châtelet
et du marché Saint-Jean. Il paraîtrait enfin qu'il reçoit à
la Force des secours en argent dont il est chargé de faire
la répartition parmi ses coinculpés.

Dans le cours d'une des dernières procédures dont il
fut l'objet, on a saisi, en la possession de Quignot, une
pièce écrite en entier de sa main, et qui, rédigée dans
la prévision d'un succès du parti républicain, donne une
idée du respect que ces prétendus amis de la liberté
avaient pour les droits des citoyens, pour leur fortune,
pour celle du pays, pour ses intérêts les plus chers. Voici
cette pièce, monument le plus naïf de l'indiscrétion de
ce parti, et qu'on ne saurait trop méditer comme la règle
et le manifeste éventuel de sa conduite et de ses actes :

QUESTION.

« Après le succès de nos armes, quelles seront les
« mesures révolutionnaires à prendre ? Organiserons-nous
« la révolution au moyen d'une dictature provisoire ? le
« dictateur tiendra-t-il ses fonctions de la nécessité ou
« de la nation régulièrement consultée ? Dans ce dernier
« cas, quelles seraient la nature, la durée et l'étendue
« des pouvoirs du dictateur ? »

RÉPONSE.

« Il est incontestable qu'après une révolution opérée au
« profit de nos idées, il devra être créé un pouvoir dicta-
« torial avec mission de diriger le mouvement révolution-
« naire. Il puisera nécessairement son droit et sa force
« dans l'assentiment de la population armée, qui, agis-
« sant dans un but d'intérêt général, de progrès humani-

4

«taire, représentera bien évidemment la volonté éclairée
«de la grande majorité de la nation.

«Le premier soin de ce pouvoir devra être d'organiser
«des forces révolutionnaires, d'exciter par tous les moyens
«l'enthousiasme du peuple en faveur de l'égalité, de com-
«primer ceux de ses ennemis que la trombe populaire
«n'aurait pas engloutis dans le moment du combat.

«De grands besoins se feront sentir, de longues souf-
«frances demanderont à être soulagées; il faudra immé-
«diatement donner satisfaction matérielle au peuple; des
«motifs d'équité et de politique en rendront l'obligation
«impérieuse.

«L'abolition de certains impôts ou taxes vexatoires,
«qui pèsent plus particulièrement sur les prolétaires,
«aura lieu par le seul fait révolutionnaire; mais le sou-
«lagement qui en résultera sera à peine senti. La confis-
«cation des biens de la couronne et de ceux de quelques
«grands personnages sera difficilement applicable à ces
«premiers besoins, et, du reste, insuffisante.

«La banqueroute sera une nécessité; elle nous débar-
«rassera de l'énorme fardeau de la dette, mais il ne
«faudra plus songer aux emprunts, et la guerre se présen-
«tera avec les grandes dépenses qu'elle entraîne; il fau-
«dra donc créer des ressources immenses, et, à cet effet,
«un impôt extraordinaire et assez large devra être frappé
«immédiatement, et appliqué d'une manière progressive,
«afin de ménager les petites fortunes, et d'en faire sup-
«porter plus particulièrement le fardeau aux riches.

«Pour être fort, pour que son action soit rapide, le
«pouvoir dictatorial devra être concentré dans le plus
«petit nombre d'hommes possible; un seul donnerait
«sans doute de l'ombrage, il exciterait des défiances, et,
«d'ailleurs, où trouver un citoyen assez considérable,
«assez populaire?

«Partagé entre un grand nombre, il perdrait trop de

«son mérite, il manquerait de promptitude; des tiraille-
«ments se manifesteraient, il serait faible en un mot. Le
«triumvirat paraîtrait devoir être la combinaison la plus
«heureuse. Ces hommes capables, énergiques, amis du
«peuple, connus de lui, ou du moins de ses têtes de co-
«lonnes, recevront le mandat révolutionnaire le plus
«étendu de la population armée, qui les appuiera de toute
«sa puissance dans leur œuvre à la fois destructive et
«réorganisatrice.

«Toutes les lois seront suspendues; le dictateur pour-
«voira immédiatement aux divers services publics. Il
«administrera par ses agents; il fera rendre la justice par
«les magistrats qu'il aura choisis et dans les formes qu'il
«aura indiquées; il fera la guerre par ses généraux, etc.

«Saper la vieille société, la détruire par ses fonde-
«ments, renverser les ennemis extérieurs et intérieurs de
«la République, préparer les nouvelles bases d'organisa-
«tion sociale, et conduire le peuple, enfin, du gouver-
«nement révolutionnaire au gouvernement républicain
«régulier, telles seront les attributions du pouvoir dicta-
«torial et les limites de sa durée.»

Quignot n'a jamais donné d'explication satisfaisante au
sujet de cette pièce, que nous ne reproduisons pas comme
faite spécialement pour les derniers événements, mais
comme étant de nature à faire connaître l'homme dont le
nom figure au bas de la proclamation, et à donner, par
là, la mesure de la confiance que ce nom devait inspirer
aux sectionnaires.

Sa conduite dans les journées des 12 et 13 mai n'a pu
être suffisamment éclaircie; on n'a pu l'arrêter que le 14; il
était porteur de charpie et se disposait à aller au secours
de quelque insurgé, mais il n'a point fait connaître à
qui il destinait ses soins, et a répondu que l'honneur ne
lui permettait de nommer personne.

Quant à *Nétré (Jean)*, c'est un clerc d'huissier, né à   Nétré (Jean),

4.

clerc d'huissier, né à Nogent - le - Rotrou (Eurc-et-Loir).

Nogent-le-Rotrou, qui a déjà figuré dans l'affaire des poudres avec *Blanqui, Barbès* et *Martin Bernard*. Dès le 12, au soir, il a abandonné son domicile, rue du Faubourg-Saint-Martin, n° 13, et probablement la capitale. Il est signalé comme ayant combattu dans les journées des 12 et 13 mai. Jusqu'ici *Nétré* est parvenu à se soustraire à toutes les recherches. Cette appréhension, que lui inspire la justice, indique assez sa culpabilité; car on ne peut attribuer sa fuite à la saisie de la proclamation républicaine sur laquelle il est désigné comme commandant une division de l'armée insurrectionnelle, puisque cette saisie n'a eu lieu, en réalité, que le 13; sa participation seule dans les faits du 12 a donc motivé cette brusque disparition, qui vient confirmer la charge résultant de l'insertion de son nom sur la proclamation.

Ainsi, et pour résumer ce qui concerne les individus désignés par cet acte comme devant prendre le commandement, nul doute que leur importance dans la *Société des Saisons,* que le rang qu'ils y occupaient, que le crédit dont ils y jouissaient, ne soient les seuls motifs qui les y fassent figurer. Quand la raison seule ne démontrerait pas que, pour inspirer confiance et courage, il fallait nécessairement mettre en avant des noms connus et éprouvés; la simple considération des antécédents qui se rattachent à ces noms, les services que ceux qui les portent avaient déjà rendus à la cause républicaine, et plus encore ceux qu'ils viennent de lui rendre, suffiraient pour démontrer que ces hommes étaient les vrais chefs de l'insurrection, et que c'était d'eux que l'on en attendait le succès : il ne saurait donc y avoir de doute sur la nécessité de faire peser sur *Quignot* et *Nétré* la part de responsabilité qui leur appartient dans la révolte du 12 mai, bien que leur participation aux actes qui l'ont préparée et à ceux qui l'ont consommée ait acquis moins de notoriété que celle de *Blanqui,* de *Barbès,* de *Martin Bernard* et de *Meillard.*

De ces individus que l'on peut considérer comme la tête et la pensée du complot, nous arrivons, Messieurs, à ceux qui, à des titres plus ou moins connus, à des degrés plus ou moins bien établis, en ont été plus particulièrement les instruments. Ici, quelques détails sont nécessaires.

Déjà, Messieurs, vous connaissez, par notre premier rapport, l'ensemble des faits partiels dont s'est composée l'insurrection de mai.

Les rendez-vous indiqués dans la convocation de *Barbès*, pour la revue générale, avaient été fixés, vous le savez, *rue Saint-Martin* et dans les rues adjacentes. Deux heures et demie était l'heure de ces rendez-vous.

Le premier acte, c'était à la fois la prise d'armes, rue *Bourg-l'Abbé,* dans les magasins de la maison *Lepage,* et la distribution des cartouches et autres munitions de guerre faite rue *Bourg-l'Abbé* par *Meillard* et *Doy,* et par *Barbès* dans la rue *Quincampoix.* — C'était aussi, au moment où les sectionnaires en armes s'apprêtaient à la révolte et à l'assassinat, la reconnaissance des chefs proclamés par le *Comité exécutif.*

Le plan d'agression, c'était l'attaque simultanée de la préfecture de police et de l'hôtel de ville. — Les moyens arrêtés, c'était le meurtre par le guet-apens, et le succès par la surprise. — La marche, c'était d'occuper la rue Saint-Martin, la rue des Arcis, la rue Planche-Mibray, les quais et les ponts.

Si cette agression n'était suivie que d'un triomphe d'un instant, une enceinte de barricades élevées au cœur de Paris, et derrière lesquelles venaient se replier les insurgés, leur donnaient un moyen de défense et leur offraient, par là même, une chance de prolonger la lutte et de tenter ainsi, dans la folle espérance d'une contagion impossible, la fidélité de l'armée, le courage de la garde nationale et le bon sens de la population.

Ainsi ont procédé les factieux. Divisés un instant par la nécessité même de la double attaque qu'ils avaient projetée, ils se sont bientôt réunis sur les marches de l'hôtel de ville. Là, *Barbès* a lu la proclamation qui instituait les chefs militaires et appelait aux armes. Puis, les groupes se sont formés et se sont rendus aux divers points qui leur étaient assignés par les calculs stratégiques des chefs. Le groupe principal a suivi une marche, malheureusement signalée par les massacres du poste Saint-Jean, l'attaque de la mairie du 7e arrondissement, rue des Francs-Bourgeois; les pillages du quartier du Temple et notamment de la rue Sainte-Avoye; l'attaque, rue Saint-Martin, de la mairie du 6e arrondissement, du Conservatoire des arts et métiers et de la rue Grenétat. C'est là que vinrent aboutir et se concentrer toutes les forces de l'insurrection, derrière les barricades établies rue Grenétat, rue Bourg-l'Abbé, rue aux Ours, passage Beaufort, rue et impasse Sainte-Magloire; barricades défendues, une à une, avec une obstination frénétique, et qui, pendant quelques heures, disputèrent ce quartier à l'action de la force publique et à l'autorité des lois.

Quels sont les hommes qui ont pris part à ces divers actes de la révolte? — Il faut maintenant vous les faire connaître. L'ordre du résumé que nous avons à vous présenter à cet égard, nous est indiqué par l'ordre même des faits qui ont marqué cette fatale journée. Nous venons d'en donner le programme; nous en avons tracé la marche. Il est temps de demander à l'instruction quels sont les inculpés en qui cette marche et ces faits se personnifient.

PILLAGE DE LA RUE BOURG-L'ABBÉ.

12 Mai, 3 heures.

BLANQUI.

Blanqui est le premier qui se présente. Il présidait, rue Bourg-l'Abbé, au pillage du magasin des frères Lepage, à l'armement des sectionnaires; et il devait en être ainsi. C'était

là, en effet, le premier acte de l'insurrection, et *Blanqui*,
dans la situation qui lui appartenait à la tête de l'association, ne pouvait pas y manquer. Dans le droit hiérar-
chique que leurs passions anarchistes avaient créé entre
eux, il n'était que l'égal de *Barbès* et de *Martin Bernard*.
Mais, dans la réalité des choses, il les dominait tous
deux, l'un par la supériorité de son intelligence et de
son éducation, l'autre par cette sorte d'ascendant fatal
auquel se soumettent, dans leur fanatisme, les plus ar-
dents sectaires, et qui, malgré l'éloignement et l'absence,
rendait impérieux, comme doit l'être le commandement
d'un chef, le mot d'ordre qui fixait le jour de la prise
d'armes et prescrivait le retour.

D'un autre côté, au moment où les factieux armés s'a-
gitaient autour de *Martin Bernard*, lui demandant, à
grands cris, la proclamation et le comité, *Martin Ber-*
nard répondait: *Le Comité exécutif, c'est nous!* La proclamation répondait aussi, en désignant comme *comman-*
dant en chef Auguste Blanqui.

Il n'est donc pas possible qu'à ce moment suprême
pour la révolte, alors qu'elle en était à marchander sa confiance et à la proportionner au nombre, à l'importance et
à l'audace de ses chefs, l'un des plus opiniâtres organisa-
teurs du complot, l'un des membres du *Comité exécutif*,
celui que le *Comité exécutif* lui-même désignait, entre
tous, comme devant commander à tous, ait pu manquer,
et à la pensée du complot qu'il avait organisé, et au commandement en chef qui lui était déféré.

Cette présomption si grave s'est, du reste, dans le
cours de l'instruction, transformée en certitude. D'un
côté, l'inculpé *Quarré* affirme qu'en ce moment on lui a
fait voir *Blanqui;* d'un autre côté, le condamné *Nou-*
guès a donné des détails précieux sur l'organisation de
la *Société des Saisons*, sur ses chefs principaux, sur la
part de chacun d'eux au jour de la lutte. Trois noms

sont signalés par lui; ce sont ceux de *Blanqui, Barbès, Martin Bernard,* et il affirme que, tous trois, ils étaient rue Bourg-l'Abbé.

QUARRÉ.

Alexandre Quarré y était aussi, et nous l'avons appris par lui-même. Il y était à l'heure du pillage, et cependant, s'il faut l'en croire, il y était innocemment, sans aucune pensée de participation aux crimes qui se préparaient. Doit-on ajouter foi à une telle protestation, quand on se souvient que *Quarré* était affilié, depuis longtemps, à la Société; qu'il était l'un des camarades les plus intimes de *Martin Bernard;* qu'il avait donné des recrues au complot; reçu un grade important, celui de *Juillet;* assisté, chez *Charles,* à l'exposé du plan d'attaque et à l'énumération des sectionnaires prêts à marcher; qu'il avait enfin amené les hommes placés sous ses ordres au lieu de convocation assigné par *Barbès,* et du lieu de convocation à la rue Bourg-l'Abbé? C'est là, Messieurs, l'un des points importants de votre examen. Les faits qui précèdent, comme ceux qui vont suivre, vont vous fixer encore mieux à cet égard.

ATTAQUE DU POSTE DU PALAIS-DE-JUSTICE ET DE LA PRÉFECTURE DE POLICE.

12 Mai, 4 heures.

BONNEFOND (Pierre), âgé de 28 ans, chef de cuisine, né à Alré (Saône-et-Loire), demeurant à Paris, rue de la Chaussée-d'Antin, n° 2.

A partir de ce point, jusqu'à l'attaque du poste du Palais-de-Justice, aucun des prévenus n'est signalé. Mais ici l'un d'eux vient prendre une place importante; c'est *Pierre Bonnefond.*

Pierre Bonnefond est âgé de 28 ans. Il était, en mai dernier, chef de cuisine dans le café restaurant qui porte le nom de café *Foy,* et qui est situé au coin du boulevard et de la rue de la Chaussée-d'Antin.

Cet établissement avait déjà attiré l'attention de l'auto-rité, lors de la procédure *Raban;* c'était là que *Dubosc* avait provisoirement déposé ses poudres. Depuis cette époque, le personnel de ce café avait été signalé à la surveillance publique, à raison de la violence des idées politiques de tous ceux qui le composaient.

Le 11 mai, l'un des cuisiniers, le nommé *Flotte,* que nous retrouverons tout à l'heure, quitta l'établissement, sous prétexte de maladie.

Le dimanche 12, entre deux et trois heures, alors que revient l'heure des occupations d'un restaurant, tous les cuisiniers disparurent, avec leur chef.

Une ou deux heures après, *Bonnefond* était arrêté dans l'enfoncement d'une allée, quai de l'Horloge, n° 65. Il était gravement blessé au bras d'un coup de feu; un fusil et des cartouches étaient à ses côtés.

S'il fallait en croire *Bonnefond,* il serait sorti pour aller rue Saint-Jacques, faire ses adieux à un de ses amis partant pour Beaune, et qui, la veille, lui avait donné rendez-vous. Son malheur l'aurait amené, plus tard, sur ce quai, au moment où, revenant de la rue Saint-Jacques, il regagnait la maison de son patron.

C'était là, il faut en convenir, un motif bien frivole pour expliquer sa brusque sortie à l'heure où son maître avait besoin de son service. Il paraît même que c'était un motif mensonger. La personne qu'il avait désignée était partie dès le 11 : aucun rendez-vous n'avait été pris. Il y avait donc une autre raison, et à sa sortie, et à sa présence sur le quai.

L'instruction a cherché cette raison dans l'exaltation des idées politiques de *Bonnefond,* et dans sa participation à l'attentat. Dès 1832, il appartenait à la société *des Droits de l'Homme,* et il est constamment resté, ainsi que son frère, dont nous aurons à vous faire connaître la conduite, dans les principes les plus hostiles.

5

L'événement du quai de l'Horloge est, d'ailleurs, si
bien établi, que toutes les dénégations ne peuvent en obs-
curcir la preuve. C'est au moment où, repoussés de la
Préfecture de police, les insurgés se dispersaient, en ga-
gnant le Pont-Neuf par le quai et la rue du Harlay : au
coin même de cette rue, *Bonnefond* fut blessé. Un témoin
l'a vu au moment où il recevait sa blessure et demandait
du secours : il avait encore un fusil à la main. Un autre
témoin a entendu le bruit de l'arme quand le blessé l'a
laissée échapper dans l'allée, au moment où il s'y traînait
pour s'y cacher. Cette arme, qui portait plusieurs taches
de sang, était un fusil double. Comme il appartenait aux
frères *Lepage,* il rattachait le prévenu aux premiers actes
de la révolte. Comme il avait fait feu, il le rattachait aussi
aux assassinats du Palais de Justice.

Enfin, une dernière circonstance complète le relevé
de toutes ces charges: des capsules ont été trouvées dans
les habits de *Bonnefond;* on en a trouvé également, ainsi
que deux cartouches, dès le lendemain, dans une cellule
que, seul parmi les détenus du 12 mai, il avait occupée au
dépôt de la Préfecture de police. *Bonnefond* a été dans
l'impuissance de donner une explication satisfaisante de
cette double saisie.

ATTAQUE DU POSTE DE LA PLACE DU CHATELET.

PIÉFORT (François),
FOCILLON (Louis-
Auguste - Victor),
tous les deux âgés de
21 ans, charpentiers,
nés à Dijon, demeu-
rant ensemble à Pa-
ris, n° 105, faubourg
Saint-Martin.

Pendant que ces faits se consommaient sur ce point,
le poste du Châtelet repoussait l'agression dont il était
l'objet. Trois inculpés frappent ici l'attention : c'est,
d'une part, les nommés *François Piéfort* et *Louis-Au-
guste-Victor Focillon;* c'est, de l'autre, le nommé *Jean-
Léger Espinousse.*

La présence de *Piéfort* au milieu de l'insurrection
a été constatée, comme celle de *Bonnefond,* par la blessure même qu'il y a reçue.

Au moment de l'attaque du poste du Châtelet, il fut atteint d'une balle qui lui traversa l'épaule droite et ressortit par l'omoplate droite.

Transporté immédiatement au quatrième étage de la maison n° 1, rue de la Vieille-Tannerie, il y fut arrêté quelques instants après. Aussitôt, il expliqua par la curiosité sa présence sur les lieux, et sa blessure par une malheureuse fatalité. C'est là sans doute un fait possible, dont la triste vérité ne serait pas nouvelle dans le récit de nos troubles civils, mais qui cependant ne se produit que dans une proportion heureusement rare. Dans les circonstances données, il paraîtra bien difficile, si l'on veut se rappeler que la garde municipale était barricadée dans le poste; qu'elle tirait à bout portant, en plaçant le fusil dans des fentes servant en même temps de points d'appui, contre ceux des insurgés qui cherchaient à briser la porte ou les croisées, et que, dès lors, ses balles pouvaient difficilement s'égarer. Cette conjecture si grave semble se confirmer, d'ailleurs, par des faits plus graves encore.

Focillon fut arrêté à côté de *Piéfort.* Tous deux se connaissent depuis longtemps; ils ont le même âge et la même profession; ils sont nés dans le même pays et habitent la même maison. Pourquoi ont-ils abandonné leur atelier ce jour-là? Pourquoi *Piéfort,* qui y restait, même le dimanche, jusqu'à six heures, et qui, le matin encore, l'avait promis ainsi à son patron, en est-il sorti à deux heures? Comment se sont-ils rencontrés? Pourquoi sont-ils sortis ensemble et ont-ils pris la direction que la révolte avait prise elle-même? Ce sont là des questions auxquelles il doit leur être facile de répondre, s'ils ne sont pas coupables; et cependant les deux prévenus n'ont pu y satisfaire: presqu'à chaque pas ils ont été obligés de se livrer à des réticences ou à des rétractations sans nombre, et ils sont tombés dans des contradictions si flagran-

5.

tes, que maintenant le doute sur leur culpabilité est devenu difficile.

D'un autre côté, *Focillon,* plus sincère mais moins habile en cela que *Piéfort,* est convenu qu'ils étaient allés rue Bourg-l'Abbé; qu'ils avaient vu un mouvement considérable et des personnes se distribuant des armes ; qu'ils avaient suivi ce mouvement, en se rendant d'abord rue Quincampoix, puis sur la place du Châtelet, par une petite rue placée près du corps de garde, et qu'en arrivant sur cette place, *Piéfort* avait reçu le coup de feu. C'est là une grave révélation. *Piéfort* le comprend si bien, qu'il oppose à cet aveu un démenti. Mais ce démenti, qui place sur un point si important les deux prévenus en état de contradiction entre eux, ne trahirait-il pas leur double culpabilité?

Une dernière circonstance complète le récit des faits, et semble établir tout à la fois la présence des deux inculpés à la prise d'armes de la rue Bourg-l'Abbé et leur participation à l'attentat.

Piéfort a été transporté, après sa blessure, rue de la Vieille-Tannerie, par cinq personnes au nombre desquelles était *Focillon.* Toutes les cinq étaient armées.

D'un autre côté, quatre des factieux ont disparu, commettant *Piéfort* à la garde et aux soins de son camarade. Au moment de se retirer, ils ont, sur les instances des habitants de la maison, abandonné leurs armes en les cachant dans un petit grenier près de la chambre où avait été placé le blessé. Ces armes étaient au nombre de cinq; elles se composaient de quatre fusils de chasse doubles et d'une espingole : elles n'avaient pas fait feu, ce qui attestait qu'elles avaient été déposées là dès le début de l'attaque. Elles venaient sans aucun doute, pour les quatre fusils du moins, du pillage de la rue Bourg-l'Abbé, et, quant à l'espingole, elle rattachait encore les prévenus à ce pillage, car une espingole semblable avait été vue entre les mains d'un des individus qui distribuèrent les munitions pendant que d'autres distribuaient des armes.

Est-il possible que les deux inculpés échappent à la conséquence d'un tel fait?

Espinousse est, comme *Quignot,* ouvrier tailleur. Il était aussi, suivant l'instruction, à l'attaque du poste du Châtelet. Un des gardes municipaux l'a aperçu, en effet, sur la place, au moment où on attaquait le poste; il était près de la boutique d'un marchand de vin, armé d'un fusil à deux coups, et portant un merlin. *Espinousse* est obligé d'en convenir, en disant que l'insurrection s'est emparée de lui par la contrainte. C'est là un moyen de justification banal que nous retrouverons bien souvent; mais jamais peut-être, quoique *Espinousse* n'ait pas encore de rang connu dans la *Société des Saisons,* ce moyen n'a été aussi bien démenti par la concordance des témoignages.

ESPINOUSSE (Jean-Léger), âgé de 21 ans, tailleur, né à Mussidy (Dordogne), demeurant à Paris, rue Saint-Honoré, nº 245.

BARRICADE DE LA RUE PLANCHE-MIBRAY.

12 Mai, 4 heures.

L'attaque du poste de la place du Châtelet est à peine terminée qu'un nouveau fait s'élève contre *Espinousse.* Repoussés de la place du Châtelet, les insurgés se sont repliés sur l'Hôtel de ville, en prenant par les petites rues. Là, ils ont établi plusieurs barricades qui devaient servir de lien entre la Préfecture de police et la Préfecture de la Seine. *Espinousse* était à la barricade de la rue Planche-Mibray : un témoin l'y a vu pendant qu'il était encore armé d'un fusil. Nous ne devons pas laisser ignorer que ces barricades ont été vivement défendues contre la garde municipale, et qu'elle a eu, dans cet engagement, plusieurs pertes à déplorer : deux gardes municipaux à cheval et un garde municipal à pied ont été tués, et le lieutenant *Poste* a été grièvement blessé d'une balle à la mâchoire, au moment où, à la tête de ses hommes, il enlevait les barricades.

HENDRICK (Jean-Joseph - Hippolyte), âgé de 25 ans, cordonnier, né à Paris, y demeurant, rue St. Jacques-la-Boucherie, n° 25.

A cet instant apparaît dans l'insurrection un nouvel acteur, dont nous aurons à vous entretenir bien souvent, tant aurait été opiniâtre et criminelle la part qu'il y a prise : c'est le nommé *Jean-Joseph Hendrick.*

Hendrick est âgé aujourd'hui de 25 ans. Dès 1828, il fut l'objet d'une poursuite judiciaire pour vagabondage et maraudage; il fut acquitté à raison de son âge; mais le tribunal ordonna qu'il resterait jusqu'à sa dix-huitième année dans une maison de correction. En 1832, il fut arrêté à l'occasion de l'attentat des 5 et 6 juin. Traduit pour ce fait aux assises de la Seine, il y fut acquitté le 5 octobre suivant. Au commencement de 1836, il s'engagea dans la légion étrangère, puis il passa dans les chasseurs d'Afrique. Il quitta bientôt le service et revint à Paris en août 1837. Il avait toutefois conservé sa capote et son pantalon garance de chasseur d'Afrique, et il portait assez souvent ce costume.

Le dimanche 12 mai, *Hendrick* avait ce pantalon en travaillant dans son garni. Aux premiers coups de feu de la place du Châtelet, *Hendrick,* qui demeure rue Saint-Jacques-la-Boucherie, n° 23, quitta brusquement son travail, en disant *qu'il allait voir,* et il ne rentra qu'entre huit et neuf heures du soir; dans cet intervalle, il n'a pas, suivant l'instruction, cessé un instant d'appartenir à la révolte. Son costume, son audace et sa criminelle obstination dans la lutte l'avaient si bien signalé à ses complices, que plusieurs d'entre eux en ont parlé dans leurs interrogatoires en le désignant sous le nom du *chasseur d'Afrique.*

Le premier fait attesté contre lui a suivi de bien près sa sortie.

Un témoin, qui habite la même rue et qui le connaissait de vue depuis quelque temps, l'a aperçu au moment où, sortant de sa maison armé d'un fusil, il se mêlait aux insurgés qui se repliaient sur la place de Grève.

Un second témoin, qui le connaissait aussi, l'a vu, quelques instants après, toujours armé d'un fusil, au coin de ces barricades des rues des Arcis, Saint-Jacques-la-Boucherie et Planche-Mibray, dont nous vous parlions à l'instant. Le témoin rentra aussitôt et entendit plusieurs coups de feu. C'est en ce moment et dans cet endroit même que deux gardes municipaux à cheval furent tués. Les insurgés s'emparèrent des dépouilles de ces malheureux soldats : ils s'armèrent de leur sabre et suspendirent leurs casques, en trophée, au sommet de la barricade.

ATTAQUE DE L'HOTEL DE VILLE.

12 Mai, 4 heures.

Cependant les factieux continuèrent leur marche sur l'Hôtel-de-Ville. Nous ne redirons pas ici les détails de cette scène, à l'égard de laquelle l'instruction nouvelle n'ajoute rien à notre premier rapport. Mais cette instruction nous met à même, du moins, de désigner à votre justice quelques-uns des hommes qu'elle représente comme ayant coopéré à ce hardi coup de main.

Ici, et avant tous, se place encore *Blanqui.* C'est la loi nécessaire de son commandement en chef; c'est la présomption grave résultant des témoignages; c'est l'affirmation positive du condamné *Nouguès* et de l'inculpé *Quarré.* BLANQUI.

A côté de *Blanqui,* se placent nécessairement encore *Quignot* et *Nétré.* Aucun témoin ne les signale; mais ils sont suffisamment désignés par cette preuve morale qui résulte contre eux de la proclamation. Rappelez-vous, Messieurs, que cette proclamation est aujourd'hui l'œuvre QUIGNOT, NÉTRÉ.

judiciairement avouée de la faction ; que *Barbès* l'a lue, à haute voix, au pied de l'Hôtel de ville, au moment où, après s'être concentrés sur un point unique, les groupes se formaient pour se placer sous les ordres de leurs chefs respectifs, et demandez-vous s'il est possible d'admettre comme une manœuvre et comme un mensonge la désignation qu'elle fait du *commandant en chef* et des *commandants des divisions de l'armée républicaine.*

MOULINES.

Moulines paraît avoir été aussi à l'Hôtel de ville. Trois des hommes de la garde nationale qui se trouvaient dans le poste, au moment où ce poste fut enlevé, le signalent, avec plus ou moins d'affirmation, mais d'une manière assez positive.

ESPINOUSSE.

Deux de ces témoins reconnaissent également *Espinousse.*

HENDRICK.

Hendrick est reconnu aussi par une double déclaration. L'un des témoins croit pouvoir l'affirmer. Le second n'éprouve pas le moindre doute, et il ajoute même l'avoir entendu crier : *A bas la tyrannie!*

DUBOURDIEU (Jean), âgé de 20 ans, né à Castillas (Gironde), tailleur, demeurant à Paris, rue de Chartres, n° 12.

DUGROSPRÉ (Pierre-Eugène), âgé de 29 ans, ciseleur, né à Beauvais (Oise), demeurant à Paris, rue du Temple.

Enfin, deux prévenus dont les noms ne vous sont pas connus encore, *Jean Dubourdieu* et *Pierre-Eugène Dugrospré,* ont été l'objet, de la part des mêmes témoins, de reconnaissances non moins décisives. Nous aurons plus tard à vous entretenir, d'une manière approfondie, de nouvelles charges réunies contre ces deux inculpés, sur divers points, par l'instruction.

ATTAQUE DU POSTE DE LA PLACE SAINT-JEAN.

12 Mai, 4 heures 1/2.

Après s'être emparés des armes, des munitions et du tambour qui se trouvaient au poste de l'Hôtel de ville, les factieux se rendirent, tambour en tête, au poste de la place Saint-Jean. Vous connaissez aujourd'hui le triste détail des lâches assassinats qui y furent si froidement commis. Nous ne voulons, de toute cette scène de barbarie et de deuil, que les souvenirs nécessaires à l'appréciation des culpabilités dont vous êtes les juges. Les attaques dont le caporal *Henriet* fut l'objet, résument à elles seules les faits qui importent à l'intelligence de l'instruction actuelle.

Henriet avait échappé, comme par miracle, à la décharge faite à bout portant sur le détachement au milieu duquel il se trouvait. Aussitôt, un des factieux se jeta sur lui et lui arracha violemment son fusil. Suivant *Henriet,* cet homme serait au nombre des prévenus : ce serait *Nicolas Galichet. Galichet,* qu'un second fait accuse et dont nous aurons à vous entretenir encore, répond par un démenti énergique à cette déclaration.

GALICHET (Nicolas), âgé de 26 ans, serrurier, né à Châlons - sur - Marne (Marne), demeurant à Paris, rue St-Germain - l'Auxerrois, nº 23.

Après la brutalité de cette agression, d'autres risques bien plus graves menacèrent, pendant quelques instants, la vie d'*Henriet.* L'un des insurgés lui appuya son fusil sur la poitrine. Un autre, armé d'un merlin, voulut l'en frapper : l'intervention de quelques personnes présentes à cette scène et le sang-froid d'*Henriet* l'en empêchèrent ; mais l'on ne peut s'empêcher de frémir de cette menace, quand on se souvient qu'à l'aide d'un instrument de cette nature, un de ces misérables s'était acharné après le cadavre d'un soldat, qu'un coup de feu avait déjà renversé et frappé à mort.

DUBOURDIEU.

Henriet a parfaitement reconnu l'homme qui l'avait ainsi menacé : suivant lui, c'est *Dubourdieu.* Après l'avoir signalé dans une confrontation générale, il l'a reconnu plus positivement encore dans une confrontation particulière. Il a même fait connaître, avec une précision éton-

6

nante, la manière dont il était vêtu et la couleur de son pantalon.

Deux autres témoins, sans s'expliquer sur ces faits, ont cependant donné quelques détails, qui viendraient les confirmer en partie. Il a été constaté que deux des insurgés se présentèrent chez un médecin qui demeure sur le marché même, pénétrèrent dans sa demeure, et, après l'avoir vainement cherché, se retirèrent, en emportant son fusil de garde national. Les deux témoins, sans oser affirmer que l'un de ces insurgés était *Dubourdieu,* donnent cependant un signalement qui s'applique parfaitement à lui, et ajoutent ainsi, malgré leur réserve, une nouvelle force à la déclaration si ferme et si positive du témoin *Henriet.*

Dubourdieu a répondu par une dénégation absolue à tous ces témoignages. Il affirme qu'il est resté étranger à la révolte et qu'il ne s'est pas trouvé aux lieux que l'instruction avait fixés. A cet égard, il faut bien le dire, ses réponses ont été embarrassées, et il n'a pas su justifier l'emploi de son temps pendant le cours des heures dont la prévention a le droit de lui demander compte. Il est sorti à 3 heures et demie; — D'après son propre aveu, il se serait trouvé, un instant, avec les insurgés sur le marché des Innocents; — Puis, il ne reparaît à son domicile que vers 11 heures du soir. N'est-ce pas là une situation bien grave, alors que les témoins de l'Hôtel de ville et du marché Saint-Jean l'ont déjà faite si difficile pour lui?

ATTAQUE DE LA MAIRIE DU SEPTIÈME ARRONDISSEMENT, RUE DES FRANCS-BOURGEOIS.

12 Mai, 5 heures.

Du marché Saint-Jean, les insurgés se portèrent sur la mairie du 7e arrondissement, rue des Francs-Bourgeois, au Marais. Le maire, M. *Moreau,* et l'un des adjoints, M. *Levillain*, furent prévenus et se rendirent aussitôt à la mairie. Quelques tambours s'y rendirent aussi. Les gardes nationaux de service, ne se trouvant pas en force, quittèrent le corps de garde et se retirèrent dans la cour de la mairie. On fit enlever les fusils du poste et on les cacha dans une seconde cour. Les insurgés arrivèrent bientôt après, trouvèrent le poste fermé, en enfoncèrent la porte, brisèrent les vitres et les châssis de la cloison vitrée qui sépare le poste de la cour, et couchèrent les gardes nationaux en joue en les sommant de rendre leurs armes. Pendant ce temps, plusieurs pénétrèrent dans la cour de la mairie, et l'envahirent en criant : *Vive la République ! à bas Louis-Philippe ! Il faut qu'il meure ; c'est aujourd'hui son dernier jour. Nous ne voulons plus de tyrannie ! les choses ne peuvent continuer ainsi ; les ouvriers sont trop malheureux. Si nous sommes vaincus, nous mettrons Paris à feu et à sang.* En même temps, quelques-uns d'entre eux découvrirent les armes des gardes nationaux de service ; ils trouvèrent aussi dans le bureau de l'état-major une dizaine de fusils. Ils bornèrent là leurs recherches, enlevant toutefois la caisse du tambour *Marteau*, le collier et les baguettes du tambour *Darchy*, et ils se retirèrent, abandonnant dans l'une des cours le sabre-poignard du caporal *Henriet*, et annonçant qu'ils allaient se porter sur la mairie du 6ᵉ arrondissement.

Blanqui était-il à cette attaque ? — Aucun témoin ne l'a reconnu, et rien n'indique sur quel point, depuis l'Hôtel de ville, s'est exercé son commandement.—Avait-il suivi avec *Barbès* et *Martin Bernard* le fort des sectionnaires ? Avait-il, au contraire, pénétré à l'instant, pour les organiser dans leurs moyens de défense, au milieu des quartiers qui devaient, comme par le passé, servir de foyer à la révolte? C'est là ce que la procédure n'a pu déterminer.

BLANQUI.

6.

(44)

Nouguès a néanmoins parlé d'une circonstance qui tendrait à faire supposer qu'il n'en avait pas été ainsi. Dans les détails qu'il a donnés sur la participation personnelle des trois chefs qu'il a nommés, il convient expressément avoir vu *Blanqui* à l'une des mairies. — Est-ce à la mairie du 7e arrondissement, est-ce à la mairie du 6e? C'est là ce qui est resté incertain. Mais, du moins, ce qu'il y a ici d'incontestable, c'est la présence de *Blanqui* sur l'un ou l'autre de ces points.

ESPINOUSSE.

Ce qu'il y a d'incontestable encore, c'est que *Espinousse* et *Hendrick* s'y trouvaient.

Espinousse a été, en effet, formellement reconnu par l'un des tambours. Ce tambour l'a expressément signalé comme l'un de ceux qui avaient mis en joue les gardes nationaux, après avoir enfoncé la porte du poste; comme celui qui, pour faire des recherches d'armes, était monté sur le lit de l'officier. A la précision de ces détails, le témoin ajoute qu'*Espinousse* avait un fusil à deux coups, et vous vous souvenez qu'*Espinousse* a été aperçu, dès la place du Châtelet, avec un fusil à deux coups. Il termine, en affirmant avoir entendu appeler le prévenu par son nom, au moment où les insurgés cherchaient à s'emparer des caisses et des baguettes des tambours de service.

HENDRICK.

Hendrick n'a pas été aussi formellement reconnu. Cependant, un autre tambour de la 7e légion a dit, lorsque *Hendrick* lui a été représenté : «Je crois que c'est bien «cet homme que j'ai vu dans la cour de la mairie du 7e «arrondissement, vêtu d'un pantalon rouge, tête nue, «en chemise, porteur d'un poignard; mais je ne pourrais «pas l'affirmer. Dans tous les cas, si ce n'est pas lui, ce-«lui que je veux dire lui ressemble beaucoup.»

Un autre témoin, M. *Moreau*, tout en déclarant que *Hendrick* ne doit pas être l'homme dont la vue l'a

frappé à la mairie, a fait une déposition grave et annonçant que, s'il ne peut voir en *Hendrick* l'homme qu'il a
spécialement remarqué, il a pu l'y voir, du moins, sans
fixer particulièrement son attention sur lui.

«Ce n'est pas, dit-il, cet homme que j'ai vu le 12 mai,
«étant à la mairie; je ne le reconnais pas assez. Cette fi-
«gure ne m'est pas inconnue, je puis l'avoir vu dans le
«quartier. L'homme que j'ai vu le 12 mai, à la mairie,
«vêtu d'un pantalon rouge, avait du sang à la figure; il
«paraissait blessé; il avait la figure pâle et maigre et
«était très-animé, ce qui fait que, dans un état calme,
«je pourrais bien ne pas le reconnaître.»

De telles dépositions, lorsqu'elles viennent se placer
après les faits si nombreux qui s'élèvent déjà contre
Hendrick, ne sont-elles pas au moins un bien grave in-
dice de sa présence au milieu de l'attaque dont nous
vous entretenons maintenant ?

Au moment même de cette attaque, un des insurgés
fut arrêté par les commissaires de police des quartiers
Sainte-Avoye et du marché Saint-Jean; c'était le nommé
Daniel Mayer.

MAYER (Daniel),
âgé de 28 ans, né à
Deux - Ponts (Ba-
vière), ferblantier-
lampiste, demeurant
à Paris, n° 68, rue
des Gravilliers.

S'il faut en croire l'instruction, la culpabilité de *Mayer*
ne pourrait guère être douteuse. Saisi au coin de la rue des
Francs-Bourgeois même, pendant que le rassemblement
tout entier cernait la mairie, cet inculpé était encore
porteur d'un fusil. Il avait sur lui deux boîtes de capsules
et huit cartouches faites en papier bleu et du calibre du
fusil. — Le fusil n'était plus chargé que d'un côté; mais il
était certain que l'autre côté venait de faire feu. — Ce
fusil provenait du pillage de la maison *Lepage;* il en portait encore le numéro, et l'un des membres de cette maison l'a formellement reconnu, ainsi que les boîtes de
capsules saisies. — De telles charges étaient trop graves
pour ne pas exiger une instruction sévère.

Interrogé sur l'emploi de son temps et sur le motif de
sa présence, en armes, au milieu des insurgés, ce prévenu
a prétendu que, contrairement à ses habitudes, il n'a-
vait travaillé, ce jour-là, que jusqu'à deux heures et
demie, chez son patron, qui demeure boulevard du
Temple, en face du jardin Turc. Il a ajouté que, passant rue Saint-Martin, pour se rendre à son domicile,
rue des Gravilliers, il aida des gardes municipaux à
relever un omnibus, et qu'il fut ensuite obligé de prendre des rues détournées pour se rendre chez lui. C'est
ainsi que, se trouvant rue des Francs-Bourgeois, il y
fut, dit-il, inopinément entouré par un groupe de factieux qui le forcèrent, en le maltraitant, à prendre le
fusil et les munitions; mais il soutient qu'au moment de
son arrestation, il s'était éloigné et cherchait à s'enfuir.

En présence de faits qui paraissent le rattacher de si
près au pillage de la rue Bourg-l'Abbé, pourrez-vous admettre cette fois, malgré sa banalité, ce moyen de justification? Tel sera, Messieurs, à cet égard, l'objet de votre
examen.

Une circonstance, rapportée par les commissaires de police eux-mêmes, rend, du reste, moins invraisemblable que
d'ordinaire l'explication du prévenu : au moment de son
arrestation, il paraissait s'éloigner du mouvement et
prendre une direction contraire à la marche de la révolte.

MARCHE VERS LA MAIRIE DU SIXIÈME ARRONDISSEMENT.

PILLAGE DE LA RUE SAINTE-AVOYE.

12 Mai, 5 heures et demie.

En quittant la mairie du 7e arrondissement, les insurgés se portèrent, par plusieurs directions, comme
ils l'avaient annoncé, sur la mairie du 6e. Vers cinq
heures et demie, un premier groupe, précédé de deux
hommes armés qui éclairaient sa marche, et en tête duquel marchaient deux jeunes gens battant le tambour,

montait la rue Transnonain et se dirigeait vers la rue
Saint-Martin.

Un autre groupe se dirigeait, dans le même temps, du
même côté, passant par la rue Sainte-Avoye. Dans cette
rue, il assaillit d'abord la boutique du sieur *Simon*,
épicier, qu'il fit visiter par deux insurgés, au nombre desquels se trouvait, comme vous l'avez appris par vos premiers débats, le condamné *Lemière*; puis, il se porta sur
celle du sieur *Coquerelle*, quincaillier, qui fut préservé
par l'intervention de l'un des insurgés, et finit par enfoncer le magasin de quincaillerie du sieur *Laroully*,
alors absent. Après avoir pénétré, par la violence, dans
ce magasin, les factieux y prirent des barres d'acier,
deux merlins, des pierres à fusil et le fusil de garde
nationale du sieur *Laroully*.

Hendrick était l'un des auteurs de ces violences coupables. Un témoin, qui le connaissait sous le nom du
chasseur d'Afrique, le voyant passer dans ce groupe,
appela sur lui l'attention d'une personne avec laquelle
ce témoin se trouvait, en lui disant: *Voilà un chasseur
d'Afrique.* Ce second témoin a déclaré que, en effet, son
camarade lui avait fait faire cette remarque, et qu'ensuite
il avait vu le groupe se diriger vers Saint-Nicolas et la
mairie du 6e arrondissement.

Ainsi *Hendrick*, parti de la rue Saint-Jacques-la-Boucherie, avec un fusil, vers quatre heures, aurait suivi les
insurgés à l'Hôtel de ville, au marché Saint-Jean, à la
mairie du 7e arrondissement, et serait ensuite allé
rue Sainte-Avoye, avec le groupe qui a enfoncé et pillé
la boutique du quincaillier *Laroully*.

Depuis ce moment, *Hendrick* échappe, d'une manière
complète, à l'instruction, et cependant il est probable
qu'il n'a pas abandonné la sédition sur ce point, et qu'il
l'a suivie dans sa marche sur la mairie du 6e arrondissement et sur la rue Grenétat.

HENDRICK.

Ses complices ont parlé de cette partie de sa coopération comme étant de notoriété au milieu d'eux. L'un de ces derniers, *Stanislas-Benjamin Gérard*, dont nous aurons à vous entretenir dans notre rapport, a déclaré, en effet, qu'*Hendrick* ou *le chasseur d'Afrique* commandait à l'une des barricades situées près la cour Batave.

Quoi qu'il en soit, l'ensemble de la conduite d'*Hendrick* pendant toute cette journée a été tel, que lui-même n'a pas su en rendre compte. Il invoquait, pour justifier l'emploi de son temps, le témoignage de sa concubine, et sa concubine l'a démenti.

D'un autre côté, dès le 13, tourmenté, sans aucun doute, par le sentiment intime de sa culpabilité, il a rasé ses moustaches, et fait disparaître, en le vendant à un marchand colporteur, le pantalon garance qui l'avait si bien fait remarquer.

Vous apprécierez, Messieurs, la signification que doivent avoir, dans de telles circonstances et de la part d'un tel homme, de semblables précautions.

SIMON (Jean-Honoré), âgé de 23 ans, chapelier, né à La Mauffe (Manche), demeurant à Paris, passage Pecquet, n° 5.

Trois nouveaux prévenus que nous retrouverons plus tard au milieu de l'action des barricades, les nommés *Jean-Honoré Simon, Georges-Constant Hubert* et *Louis-Honoré Lombard,* ont été remarqués par des témoins dignes de foi, dans la rue Sainte-Avoye et notamment au pillage Larouily.

Les deux témoins qui ont signalé *Hendrick*, reconnaissent également *Simon*. Ils l'ont vu, au moment du pillage, parmi les factieux : il était armé d'un fusil.

HUBERT (Georges-Constant), âgé de 22 ans, chapelier, né à Digueville (Manche), demeurant à Paris, rue des Rosiers, n° 36.

Hubert est aussi formellement désigné par eux. Ils l'ont vu armé d'un fusil et au même moment. Ils ont déclaré que, pendant que l'on enfonçait la boutique, il faisait faction au coin de la rue des Blancs-Manteaux; l'un d'eux a même ajouté qu'en passant auprès de lui, *Hubert* lui avait donné une poignée de main. Du reste, il y a ici cela de remarquable que *Hubert* est du même département, de la même profession et à peu près du même âge qu'*Honoré Simon;* que tous deux sont aperçus, pour la première fois, au même lieu; que tous deux enfin ont été arrêtés dans des circonstances qui vous frapperont par leur identité.

Quant à *Lombard,* il est, pour le fait de la rue Sainte-Avoye, dans une situation judiciaire semblable, en tous points, à celle de *Hendrick, Simon* et *Hubert.* Deux témoins le reconnaissent aussi : l'un d'eux avec quelque hésitation ; mais le second de la manière la plus positive. Il y a cela de remarquable, à l'égard de cette dernière déclaration, que *Lombard* était déjà connu du témoin, et que, dès lors, l'erreur n'était pas possible ; aussi *Lombard,* qui se rejette, comme presque tous les prévenus, sur l'excuse de la contrainte, et dont nous aurons bientôt à apprécier les explications, a-t-il été forcé à l'aveu de ce fait. Il nie toutefois une circonstance bien importante et que le témoin a affirmée : c'est que *Lombard,* qui était armé d'un fusil à deux coups à pierre, s'était empressé de mettre à son arme des pierres provenant du pillage du quincaillier.

LOMBARD (Louis-Honoré), âgé de 22 ans, né à Vitry-sur-Seine (Seine-et-Marne), ciseleur, demeurant à Paris, rue des Gravilliers, passage de Rome.

ATTAQUE DE LA MAIRIE DU 6ᵉ ARRONDISSEMENT.

12 Mai, de 5 heures et demie à 6 heures.

Après le pillage de la rue Sainte-Avoye, les insurgés, qui se trouvaient en grand nombre et tous en armes, suivirent leur marche vers Saint-Nicolas et la mairie du 6ᵉ arrondissement. Il était alors de 5 heures et demie à 6 heures du soir ; bientôt une fusillade très-vive, dont le bruit ne cessa qu'après trois quarts d'heure de durée, se fit entendre dans cette direction.

Les insurgés avaient été devancés, en effet, par l'auto-

7

rité militaire. Dès quatre heures, un détachement de vingt-trois hommes, sous les ordres du lieutenant *Le-blond*, et ayant à sa tête le commissaire de police du quartier, était venu se mettre en rapport avec le poste de service à la mairie. Malheureusement, la nécessité de faire suivre par une forte escorte les tambours de la garde nationale qui sortaient pour battre le rappel obligea le lieutenant *Leblond* à se priver d'une partie de ses hommes; et lorsque les factieux se présentèrent, il n'était pas possible de s'exposer à une lutte devenue trop inégale. La garde municipale et les gardes nationaux de service se retirèrent alors dans la seconde cour de la mairie. Leur retraite était à peine opérée, que la rue Royale-Saint-Martin et les abords de la rue Saint-Martin furent occupés par les insurgés.

Cependant, à cinq heures dix minutes, le lieutenant *Tisserand* était sorti de la caserne Saint-Martin, à la tête d'un détachement d'infanterie de la garde municipale, fort seulement de quarante-quatre hommes. Arrivé à l'entrée de la rue Saint-Martin, il avait été prévenu de l'arrivée de nombreux insurgés par un témoin qui venait de rencontrer, rue Transnonain, le groupe précédé des deux tambours; il avait néanmoins continué sa marche. Son arrivée et le retour des tambours de la garde nationale, qui, en rentrant par la rue Royale, battaient la charge, déterminèrent les insurgés à se retirer dans la rue Grenétat et à s'y retrancher. Ils envahirent alors le cabaret tenu par le nommé *Boniface Samson*, au n° 1er, et la cour de la maison n° 4, dans laquelle se trouve un autre marchand de vin. Ils prirent dans ces deux maisons des tables, des bancs, des tonneaux, des baquets et d'autres objets, dont ils firent une barricade qui fermait l'entrée de la rue Grenétat sur la rue Saint-Martin et menaçait la mairie.

Quelques instants auparavant, et de l'autre côté de la

rue Grenétat, sur la rue Saint-Denis, une seconde barricade avait été formée en partie.

Un petit nombre de cavaliers de la garde municipale,
commandés par le maréchal des logis *Jonas*, cherchèrent
à détruire cette dernière barricade, mais ils ne purent la
franchir avec leurs chevaux. Le lieutenant *Delon*, qui
commandait un détachement du 28ᵉ de ligne, arriva, donna
ordre à *Jonas* de se retirer à sa gauche avec ses cavaliers, pour le laisser enlever la barricade, l'enleva et la
détruisit. Le détachement de cavalerie passa et descendit
jusqu'à la rue aux Ours. Ce fut en ce moment que le
malheureux *Jonas* fut tué : le détachement commandé
par le lieutenant *Tisserand*, arrêté par la barricade Grenétat, n'était point encore arrivé à cette rue.

Du reste, et depuis quatre ou cinq heures de l'après-
midi, les insurgés avaient élevé dans tout ce quartier
un grand nombre de barricades.

Si vous voulez bien jeter les yeux sur notre premier
rapport et sur les plans qui y sont annexés, vous vous
convaincrez de l'ensemble de ces moyens d'agression et de
défense et du danger dont ils menaçaient la force publique.
Enfermés, en quelque sorte, dans une enceinte fortifiée que
traversaient des rues étroites, tortueuses et de nombreux
passages, se repliant les uns sur les autres et de barricade
en barricade, les insurgés pouvaient, presque impunément,
inquiéter nos soldats, prolonger la lutte, gagner la nuit
et s'assurer les moyens de fuir.

Après la rue Grenétat, c'est dans le passage, dans l'impasse Beaufort et aux deux barricades de la rue Saint-
Magloire qu'ils avaient concentré leurs moyens de défense et qu'ils concentrèrent leurs derniers efforts.

Le passage et l'impasse Beaufort, se fermant avec des
grilles, étaient tout naturellement disposés pour leur offrir
la possibilité de causer des pertes à la force armée, sans
s'exposer à son feu.

7.

Quant aux barricades Saint-Magloire, placées l'une dans la rue Saint-Magloire, l'autre dans les rues Saint-Magloire et Saint-Denis, elles étaient fortement établies. Ils les avaient faites avec des bancs, des tables et des tonneaux, enlevés chez les marchands de vin; avec des omnibus et des fiacres, qu'ils avaient arrêtés et renversés. La cour commune aux sieurs *Solin*, aubergiste, et *Bourget*, commissionnaire de roulage, avait aussi été envahie par une porte ouvrant sur le cul-de-sac Saint-Magloire, et que l'on avait brisée. L'on avait alors emporté les camions des sieurs *Solin* et *Bourget*, et l'on s'en était servi pour fortifier les barricades. C'est là que l'on avait arboré des drapeaux rouges, là que l'on avait enfoncé une pharmacie, sur la porte de laquelle le mot *ambulance* avait été écrit.

La barricade Grenétat fut la première enlevée et détruite. A l'arrivée du détachement du lieutenant *Tisserand,* les insurgés étaient déjà fortement établis dans leur position. Un feu assez vif, mais sans résultat, s'engagea, entre eux et la force armée, pendant près d'une demi-heure. Le lieutenant *Tisserand* résolut alors de prendre la barricade à l'assaut. Il fit rentrer un instant ses hommes dans la cour de la mairie, les rallia, fit charger les armes, donna ses ordres et marcha à leur tête; les tambours battant la charge; il avait à ses côtés quelques gardes nationaux, et notamment le capitaine *Gard*, le caporal *Hugo*, le chasseur *Pelletier;* ce fut ainsi qu'il enleva la barricade à la baïonnette. Puis, il fit fouiller et garder tout ce quartier. Mais la nécessité de conserver toutes ces positions, de conduire à la mairie les personnes qui venaient d'être arrêtées, ne lui permit pas d'aller plus loin et de poursuivre jusqu'aux barricades Saint-Magloire les débris encore nombreux de cette partie de l'insurrection.

Ces barricades étaient toujours au pouvoir des révoltés, et elles tinrent longtemps encore. Vers sept heures, une première attaque fut dirigée contre elles, mais sans succès, par un détachement combiné de gardes nationaux de la 4e légion, commandés par le capitaine de grenadiers *Viard*, et de quelques soldats du 7me de ligne, sous les ordres du lieutenant *Jonquoy*. C'est à ce moment que l'armée eut à déplorer la perte de cet officier.

Cependant un bataillon du 53e de ligne partit de la place des Victoires, vers six heures et demie, sous les ordres du colonel *Ballon ;* il était précédé d'un détachement de grenadiers de la 3e légion, commandé par le capitaine *Devillers*. Après avoir parcouru les halles, depuis la Pointe-Saint-Eustache jusqu'à la rue Saint-Denis, et avoir remonté cette dernière rue, en détruisant un grand nombre de barricades, ce bataillon se trouva en présence de la barricade établie sur les rues Saint-Denis et Saint-Magloire.

Une vive fusillade s'engagea alors entre les insurgés retranchés derrière cette barricade et la troupe. Le colonel *Ballon* fut atteint d'une balle au pied et mis hors de combat; le capitaine *Devillers* fut blessé à la tête. Pendant ce temps, un détachement du 14e de ligne descendait la rue Saint-Denis et prenait la barricade par derrière. Elle fut ainsi enlevée vers huit heures et demie.

Au même moment, les gardes nationaux et les gardes municipaux des rues Grenétat, Bourg-l'Abbé et Beaufort, réunis à un détachement du 28e et à des élèves de l'École militaire, qui s'étaient joints à eux spontanément et en volontaires, se portèrent sur les autres barricades de la rue Saint-Magloire et des rues voisines, et les enlevèrent.

Là, et à cet instant même, la révolte, vaincue à l'avance, malgré son indomptable obstination, par son isolement au milieu de la population indignée, trouva son véritable terme devant le dévouement courageux de notre armée et de nos concitoyens.

Notre devoir maintenant est de vous faire connaître

ceux qui ont été arrêtés au milieu de telles circonstances.
Vous comprenez déjà, en présence de ce récit, qui prouve
si bien l'enchaînement et l'ensemble de toute cette partie
de la lutte, et qui unit, en quelque sorte, par le lien d'une
criminelle solidarité toutes ces diverses culpabilités, ce
qu'il y a de grave dans la situation de chacun d'eux.

BARRICADE GRENÉTAT.

12 Mai, 6 heures.

Huard (Camille-
Jean-Baptiste), âgé
de 19 ans, graveur,
né à Mons (Arden-
nes), demeurant à
Paris, rue Princesse,
n° 7.
Les premiers sur lesquels nous appellerons votre attention sont ceux qui ont été arrêtés à la prise de la barricade Grenétat : Ce sont les nommés *Camille-Jean-Bap-
tiste Huard, Jean-François Béasse, Émile Pétremann.*
Vous savez, par vos premiers débats, que, lorsque le
lieutenant *Tisserand* monta à l'assaut de cette barricade,
il se prit corps à corps avec trois des insurgés; le premier
était le condamné *Austen,* le second *Émile Maréchal,* le
troisième était le prévenu *Huard.* En effet, immédiatement après la prise de la barricade, *Huard* fut ramassé
au pied même de cette barricade, à la porte du marchand
de vin, rue Grenétat, n° 1. Il avait reçu un grand nombre
de blessures, et notamment trois coups d'épée. L'officier
qui commandait le détachement portait seul une épée; il
n'en a frappé que trois personnes, placées toutes trois
sur la barricade ou tout auprès : *Huard* était donc là, l'un
des derniers défenseurs de cette position.
Le lieutenant *Tisserand,* tout en déclarant qu'il croit
bien le reconnaître, ajoute, il est vrai, qu'il ne croit pas
lui avoir vu d'armes. Toutefois, la position que *Huard*
occupait à la barricade près de *Austen* et de *Maréchal,* le
nombre des blessures qu'il a reçues, annoncent trop bien
de quelle nature était sa coopération. Si le lieutenant
Tisserand ne lui a pas remarqué d'armes, c'est peut-être
parce que, voyant la barricade enlevée, *Huard* les avait

jetées, espérant se sauver plus facilement; peut-être aussi parce que, préoccupé par les luttes qu'il venait de soutenir et par le soin qu'il devait à l'ensemble des opérations confiées à sa direction, le lieutenant *Tisserand* n'aura pas fait porter son attention sur cette circonstance. On sait d'ailleurs qu'un grand nombre d'armes ont été trouvées derrière les débris de la barricade Grenétat.

Dans une position aussi difficile, *Huard* a présenté un moyen de défense que nous devons vous soumettre, malgré son peu de vraisemblance. S'il faut l'en croire, il était allé rue Jean-Robert; là, il avait été rencontré et entraîné de force par les insurgés jusque dans la rue Grenétat. On avait voulu lui donner un fusil; il avait refusé de le prendre; il cherchait toujours à s'esquiver, lorsque, voyant les insurgés aller d'un côté, il était allé du côté opposé pour s'enfuir : c'était alors qu'ayant donné dans la barricade qu'il n'avait pas aperçue, ayant la vue basse, il avait été blessé. Mais *Huard,* quelque faible que soit sa vue, ne pouvait pas ignorer qu'on se battait de ce côté et qu'il y avait une barricade. La fusillade, qui avait duré près de trois quarts d'heure, avait dû le prévenir; et pendant tout ce temps, lorsque les insurgés étaient occupés, soit à se battre, soit à construire des barricades, soit à les défendre, il est bien difficile de croire qu'il n'ait pas pu trouver l'occasion de s'évader.

Ici, Messieurs, nous devons vous soumettre, et pour n'y plus revenir, une observation générale commune à tous les prévenus, puisqu'ils en appellent à une excuse commune.

S'il fallait ajouter foi à leurs protestations, la justice ne devrait voir en aucun d'eux un coupable. Tous, ils auraient été fatalement entraînés, soit par l'irréflexion d'une curiosité imprudente, soit par un malheureux hasard, soit enfin par la nécessité d'une obéissance passive aux exigences violentes des insurgés; de telle sorte que nous

trouverions partout des recrues forcées et des victimes
de l'insurrection, sans rencontrer jamais les coupables
auteurs de ces violences. Un tel résultat de la logique
des prévenus n'en est-il pas une énergique réfutation?

Il en est une autre qui ressort des faits eux-mêmes, et
qui ne se présente pas avec moins de force. L'action engagée à la barricade Grenétat a duré plus d'une heure.
Les premiers instants ont été employés à la construire;
puis à la défendre contre le feu des gardes nationaux
et des gardes municipaux. Ce n'est qu'après cette double
opération qu'elle a été enlevée à la baïonnette.

La rue Grenétat est tortueuse : elle est, à peu près, en
face la rue Royale-Saint-Martin, ayant à sa droite l'é-
glise Saint-Nicolas et à sa gauche la mairie. C'est avec ce
dernier point que la fusillade s'est engagée; de telle
sorte que, comme les balles n'arrivaient pas en droite
ligne, qu'elles venaient de droite à gauche et ne frap-
paient qu'un des côtés de l'entrée de la rue, elles n'offraient aucun danger pour ceux qui, du haut même de
cette rue, voulaient descendre et s'enfuir, soit par la rue
Bourg-l'Abbé, soit par le passage de communication
entre la rue Grenétat et la rue Guérin-Boisseau, soit
par la rue Saint-Denis, que la force armée n'occupait
pas encore, et qu'aucune barricade n'interceptait. En présence de cette situation des lieux, de cette facilité qu'offraient pour s'enfuir les nécessités d'une lutte déses-
pérée et les préoccupations impérieuses des révoltés, nous
aurons à nous demander s'il faut accepter une assertion
pareille à l'assertion d'*Huard* autrement que comme une
défense sans espoir.

Austen aussi, *Austen*, que vous avez condamné par
votre dernier arrêt, et qui avait été blessé et arrêté au
même instant, dans le même lieu et par la même main
qu'*Huard*, *Austen* disait qu'il avait traversé ce quartier
par hasard, qu'il y avait été entraîné par la curiosité, et

retenu par la violence. Écoutez, Messieurs, la lecture des pièces qui ont été saisies, d'après un procès-verbal régulier, dans la cellule que ce condamné occupait à la prison du Luxembourg, au moment de son transfèrement à Doullens. Vous apprécierez la confiance qu'il faut accorder à ces protestations de commande, qui ne sont, en réalité, qu'un mensonge convenu et qu'un rôle appris.

Extrait de la traduction de l'allemand, faite par J. Jomain, traducteur juré.

PREMIÈRE PIÈCE.

Paris, le 13 juillet 1839.

Mon très-cher ami,

Vous m'excuserez si je prends la liberté de vous écrire quelques mots. Vous aurez sans doute déjà appris dans quelle position je me trouve; pour cette raison, je n'en parle pas ici.
. . . .
. . . .

Hier au soir, à neuf heures et demie, on m'a fait mon compte, mais ce n'était pas mon compte, car j'avais compté sur vingt ans, et je n'en ai reçu que quinze; si M. le président eût su tout ce que j'ai fait le 12 mai, j'aurais le même sort que *Barbès*; *Barbès* seul a été condamné à mort, mais il n'est pas encore mort.
. . . .

Dès que je serai libre et pourrai prendre le fusil, cela ira encore plus courageusement pour la patrie, car maintenant je ne puis guérir mes blessures qu'avec le sang des tyrans; mais, malgré cela, je suis toujours le bon frère qui signe.

Signé : FRÉDÉRIC (Fritz) AUSTEN.

Saluez aussi M. Wolf. Le 12 mai, j'ai été avec mon fusil, que j'avais conquis au Palais de Justice (et à l'Hôtel de ville un sabre); dans la rue des Billettes, en passant à la hâte, je l'ai appelé, mais je ne sais pas s'il m'a vu.

8

Cette lettre porte l'adresse suivante, en français:

*A Monsieur, Monsieur Michel, bottier,
rue des Prêcheurs; n° 25, chez M. Victor.*

SECONDE PIÈCE.

Paris, le 10 juillet 1839.

Mes chers amis,

. . . .

Mon dessein est pris fermement, et je ne crains rien; je vous assure que ma rancune contre la tyrannie en France, et même contre tous les tyrans qui nous gouvernent, est enracinée encore plus profondément dans mon cœur, et que je ne puis guérir les blessures que j'ai reçues qu'avec leur sang. Oui, croyez et soyez persuadés qu'aujourd'hui vous avez peut-être perdu en moi celui qui plus tard, peut-être, se serait fait connaître davantage. Mais ne vous laissez pas abattre par tout cela, et je crois que, si le malheur nous arrachait tous les 19 d'auprès de vous, vous n'en irez que plus courageusement à l'affaire. Je vous le répète encore une fois, je ne crains pas la mort, et je crois fermement que vous, mes amis, vous ne la craignez pas non plus.

Le 12 mai, je fus quatre fois bien près d'avoir ma poitrine traversée d'une balle, et deux de mes camarades tombèrent à mes pieds; mais tout cela, parce que je voyais les malheureux gisants autour de moi, et un troisième cria, en tombant : O frère, venge-moi! Cela ne me rendit pas inquiet; non, cela me donna la force d'un furieux. Oui, comme un furieux, je me précipitai avec mon fusil sur les ennemis, lorsque je vis tomber *Barbès* et croyais défendre notre barricade; mais c'était trop tard, la garde municipale avance, tous les camarades font retraite. Cependant, je vois l'officier avancer; je tire mon fusil, mais je ne l'atteinds pas; j'atteins un pauvre garde municipal, qui fut frappé de la balle et tomba par terre. Aussitôt je charge mon fusil dans le plus fort du combat, je couche en joue, mais c'est trop tard. Plusieurs crièrent : Polonais! Polonais! La garde municipale arrive, et, dans ma colère, je veux terrasser l'officier; avec la même vitesse que j'avais couché en joue, on m'enfonça l'épée dans la poitrine, et je reçus ensuite plusieurs coups de baïonnette, de sorte que je tombai par terre. Vous vous en étonnerez peut-être, mais croyez-m'en, j'étais déjà blessé, lorsque la ligne (c'est-à-dire les soldats) commença le grand feu, car plusieurs municipaux s'étaient glissés avec l'officier le long des maisons; aussitôt que je m'en aperçus, je fis feu, mais sans me retourner pour voir ce qui se passait derrière moi: je rechargeai ensuite mon fusil et je couchai en joue pour la seconde fois, mais aussi vite que je couche en joue, aussi vite on me plonge l'épée dans la poitrine. Je me retourne et je ne vois rien que des morts et des blessés couchés autour de moi. Tous les camarades s'étaient retirés et le retranchement était emporté. Dans ce moment, les soldats firent un si grand feu, que toutes les maisons s'ébranlèrent. Je crois que l'on a tiré plus de deux cents coups en deux minutes, et ensuite les barbares ont encore attaqué avec les baïonnettes.

A l'instant même où l'officier me blessa et se trouva tout près devant mon fusil, je tirai encore une fois pour le terrasser vite; car, si celui-là fût tombé, les autres se seraient peut-être retirés. Dans ce moment, il fit un écart, et la balle alla frapper l'épaule d'un garde municipal. Tout cela je ne l'avais pas remarqué, mais lorsque je fus arrivé à Saint-Louis, et, quatre jours après, quand je me trouvai mieux et que je regardai à droite et à gauche, je vis deux municipaux, un de chaque côté; lesquels me connaissaient et me disaient que j'étais celui qui avait causé leur malheur, et ils m'appelaient un misérable. Là, vous pouvez m'en croire, je me trouvais comme perdu, mais je sus très-bien m'accommoder aux circonstances, et je fus aux petits soins avec eux, car il me faisait de la peine à moi-même d'entendre soupirer les autres. Je leur disais que je n'avais pris le fusil que par colère, lorsque je vis plusieurs de mes camarades tomber morts à mes pieds, et je leur représentai que tout homme qui a un cœur aurait fait la même chose. Je demandai bien pardon à ces gens, et je leur dis que j'étais plus malheureux qu'eux-mêmes, et qu'ils se trompaient; je leur disais qu'on m'avait forcé à me battre, et je raisonnais sur les bourgeois, disant que ceux-ci m'avaient donné un coup de baïonnette, parce que je ne voulais pas marcher avec eux. De cette manière je parvins à persuader et à prier ces deux hommes de ne pas me précipiter davantage dans le malheur; dès lors ils furent comme des frères avec moi. Ils avaient eux-mêmes compassion de moi, et ils me disaient de ne pas avoir peur, et qu'ils voudraient plutôt m'aider à sortir de l'affaire que de me poursuivre dedans. Quant au premier municipal, la balle lui est entrée dans le corps par le côté gauche, et elle en est sortie par le côté droit; il vit encore. Je leur disais aussi que j'avais travaillé dans la caserne des Minimes, chez M. Stoffel; que j'avais beaucoup d'amis parmi les municipaux et que je ne me battrais jamais contre mes amis...

Maintenant, mes chers frères, avant de terminer ma lettre, je vous fais savoir encore une fois, que, quand même le sort ne nous permettrait jamais de nous réunir de nouveau, je ne vous oublierai jamais, et que je vous reconnais, dans l'intérieur de mon cœur, pour des camarades braves et fidèles; oui,

8.

je vous le répète encore une fois, j'ai fait en France la connaissance d'hommes
dont je garderai avec joie et avec amour le souvenir jusqu'à la mort. Je vous prie
de croire que je ne vous flatte pas ; oui, croyez-le, car autrement je ne vous
le pardonnerais jamais. Je le répète encore une fois, on ne peut connaître ses
amis que dans le besoin, et je désire que le sort inspire vos sentiments, oui,
vos sentiments, dans toutes les têtes du monde, et vos exploits dans tous les
cœurs ; alors nous serions tous heureux, et les vœux que nous faisons tous les
jours, pour lesquels nous travaillons depuis si longtemps, et pour lesquels
mainte et mainte personne a répandu son sang ou a sacrifié sa vie tout entière,
ces vœux seraient accomplis, et nous aurions fait la fortune que nous voulions
faire depuis longtemps.

Maintenant, mes frères, ne vous découragez pas ; je vous jure que, si un
jour je suis rendu à la liberté, j'irai encore beaucoup plus courageusement
au combat, et je donnerai ma vie et ma dernière goutte de sang pour la
liberté, afin de venger ceux que la mort, pour la liberté et pour le bien de
tous les frères, a arrachés de notre sein le 12 et le 13 mai.

. . . .
. . . .

Adieu, je resterai éternellement votre frère, qui vous aimera toujours.

Signé FRÉDÉRIC (Fritz) AUSTEN.

BÉASSE (Jean-
François), âgé de 20
ans, serrurier, né à
Paris, y demeurant,
rue de Reuilly, n° 53.

Béasse a été arrêté à peu près dans les mêmes circonstances que *Huard*. Après la prise de la barricade, il fut
ramassé blessé, sous la porte cochère de la maison n° 4,
contre laquelle la barricade s'appuyait. Suivant lui, il
n'aurait pas été atteint près de la barricade, mais bien au
milieu de la rue Grenétat, au moment où il cherchait à
s'échapper des mains des insurgés, qui l'avaient forcé à
marcher avec eux. Il a déclaré qu'il était sorti pour aller
chez son cordonnier, demeurant près de l'Hôtel de ville,
et qu'il devait ensuite aller chez sa sœur, dont il était attendu ; qu'arrivé derrière l'Hôtel de ville, il avait été entouré par une troupe d'insurgés qui le forcèrent à marcher avec eux, et qu'il les suivit ainsi jusqu'à la rue
Grenétat, sans trouver jamais l'occasion de s'évader ;

que, lorsqu'il fut blessé rue Grenétat, il cherchait encore à se sauver, qu'on ne se battait pas encore et qu'il fut blessé par un des insurgés; qu'il tomba et fut alors transporté sous une porte cochère, au pied de laquelle il vit faire la barricade.

Béasse, comme on le voit, n'a pu se défendre que comme se défendait *Huard.* Son explication est même plus invraisemblable, car il aurait eu, pour s'échapper, tout le trajet de l'Hôtel de ville à la rue Grenétat, trajet pendant lequel il pouvait s'enfuir par un grand nombre de petites rues.

Une charge nouvelle résulte contre lui de la nature de sa blessure et du moment où il l'a reçue. Il a eu, en effet, la main et l'épaule traversées d'un coup de feu. Ce coup s'explique très-bien par la position de l'homme qui met en joue avec un fusil, la main se trouvant, dans ce mouvement, à la hauteur de l'épaule. D'un autre côté, il prétend qu'il a été atteint avant même que la barricade n'ait été élevée; mais comment serait-ce possible? S'il en eût été ainsi, il eût été l'un des premiers blessés. Or, nous savons que les blessés, au fur et à mesure de leurs blessures, étaient portés chez l'un des marchands de vin, pansés d'une manière provisoire et enlevés à l'instant. C'est ainsi que *quarante-cinq ou cinquante blessés* ont successivement disparu. S'il n'en a pas été ainsi pour *Béasse,* c'est que, probablement, au lieu d'être frappé au début, il est resté l'un des derniers à la barricade et y a reçu une des dernières blessures.

Disons, en terminant, qu'il a été trouvé sur lui, à l'infirmerie de la Conciergerie, une cartouche sanglante.

Pétremann a été arrêté par l'un des gardes du détachement commandé par le lieutenant Tisserand. Voici dans quels termes ce garde rend compte des circonstances de cette arrestation :

PÉTREMANN (Émile), âgé de 22 ans, cordonnier, né à Mézières (Ardennes), demeurant à Paris, rue des Arcis, n° 9.

« Lorsque nous eûmes pris la barricade qui était à l'en-
«trée de la rue Grenétat, je vis plusieurs individus qui se
«sauvaient dans différentes directions ; plusieurs se sau-
«vèrent chez le marchand de vin, à gauche, à l'entrée
«de la rue Grenétat. J'entrai chez ce marchand de vin,
«où je vis un individu blessé, que l'on conduisit à la mai-
«rie.............. Je fis ensuite une perquisition : je
«montai dans un petit escalier au premier, et je vis un
«individu appuyé le dos à la muraille, et qui avait un
«fusil derrière lui : je l'arrêtai et pris le fusil. Je le pré-
«sentai au chef du détachement, et je le conduisis à la
«mairie du 6ᵉ ; je le fouillai, et on trouva sur lui
«vingt-cinq cartouches dans les poches de côté de son
«pantalon. Quelques-unes étaient de calibre, les autres
«ne l'étaient pas. Je ne sais pas si le fusil était chargé,
«mais on avait tiré avec, et l'individu derrière lequel il
«était avait les mains toutes noires de poudre. C'était un
«fusil à deux coups. Cet individu a déclaré se nommer
«*Pétremann.*»

Rien de plus grave que ce procès-verbal, et nous devons dire que le garde municipal, plusieurs fois pressé
de rappeler ses souvenirs, a persisté, de la manière la
plus positive, dans cette déclaration. En effet, il est constaté qu'aussitôt après la prise de la barricade ce garde
a présenté au lieutenant *Tisserand* un individu qu'il venait d'arrêter.

La défense de *Pétremann* paraissait impossible. Une
erreur, commise dans les procès-verbaux d'arrestation,
et échappée, sans aucun doute, à la précipitation d'un
tel travail, fait dans un tel moment, le porte comme arrêté au passage Beaufort. *Pétremann*, contre lequel ne
s'élèverait plus alors qu'une accusation d'autant plus
vague que les circonstances de son arrestation seraient
complétement ignorées, a voulu profiter de cette erreur,
et dire qu'en effet il était au passage Beaufort ; mais

le garde municipal a été si souvent et si énergiquement affirmatif, que toute équivoque à cet égard semblera peut-être impossible.

Il faut d'ailleurs remarquer que *Pétremann*, comme ses co-prévenus, rend un compte vraiment inadmissible de l'emploi de sa journée et des motifs qui l'auraient amené au centre même de l'insurrection. Qu'il ait été arrêté rue Grenétat ou au passage Beaufort, sa présence dans un tel quartier n'en restera pas moins une charge fort grave.

ATTAQUE DES PASSAGE ET IMPASSE BEAUFORT.

12 Mai, six et huit heures du soir.

Dès que la barricade Grenétat eut été enlevée et détruite, la force armée pénétra dans les rues Bourg-l'Abbé et aux Ours, en enlevant, sans obstacle, les barricades qui y avaient été établies; mais, à la hauteur de la rue Quincampoix d'un côté, et de la rue Salle-au-Comte de l'autre, des coups de feu se firent entendre. Quelques gardes reçurent alors ordre d'aller enlever cette position, avec le caporal de la garde nationale, Hugo. On refusa d'abord d'en ouvrir la porte; mais, sur la menace de faire feu et de faire sauter la serrure, la grille fut ouverte. Les gardes trouvèrent alors une assez grande quantité de munitions et d'armes cachées dans différents endroits, ainsi que le tambour, le collier et les baguettes enlevées à la mairie du 7e arrondissement. Ils y arrêtèrent aussi plusieurs individus : de ce nombre était *Alexandre Quarré.*

Nous vous avons déjà fait remarquer tout ce qu'a de grave contre ce prévenu une pareille circonstance. Dans

QUARRÉ.

les rapports où il se trouvait avec les sectionnaires, le rencontrer deux fois, à cinq heures d'intervalle, presque sur le même lieu, au fort de l'insurrection, fidèle, tout à la fois, à la convocation de *Barbès* et aux derniers efforts de la révolte, c'est sans doute une présomption bien puissante. Nous aurons à nous demander, Messieurs, si, après de tels éléments de conviction, le doute est encore possible.

BORDON (Jean-Maurice), âgé de 18 ans, homme de peine, né à Champigny (Savoie), demeurant à Paris, impasse des Anglais, n° 1.

EVANNO (Jean-Jacques), âgé de 34 ans, garçon boulanger, né à Hennebon (Morbihan), demeurant à Paris, rue Ménilmontant, chez le sieur Faluel, boulanger.

LEHÉRICY (Pierre-Joseph) , âgé de 32 ans, peintre en bâtiments, né à Paris, demeurant rue Saint-Martin, n° 75.

Après ces arrestations, le détachement voulut quitter le passage et se diriger sur les barricades de la rue Saint-Magloire. Mais elles étaient défendues par un grand nombre d'insurgés : concentrés sur ce point, ils faisaient feu sur les militaires qui gardaient l'entrée de la rue Salle-au-Comte, et sur le détachement du lieutenant *Delon,* qui gardait la rue Saint-Denis. Ne se trouvant pas en force pour cette attaque, les gardes nationaux et gardes municipaux retournèrent dans le passage. En arrivant à la porte pour rentrer, ils n'aperçurent personne dans une petite impasse qui se trouve au milieu et qui ferme à l'aide d'une grille particulière. Ils fermèrent la porte et allèrent demander du renfort; ils reçurent alors avis qu'on allait attaquer par la rue Saint-Denis. Bientôt, entendant une fusillade qui s'engageait du côté de cette rue, ils entrèrent de nouveau dans le passage. Un coup de feu fut tiré aussitôt de l'impasse : dans le même moment, on avait vu, par une fenêtre de l'escalier, plusieurs individus armés; l'on fit feu sur eux, et le caporal *Hugo* s'écria : *Rendez-vous.* En même temps, les gardes municipaux se précipitèrent dans l'impasse, où quatre personnes furent arrêtées. La première était le nommé *Chavanne,* mort depuis à la suite de la blessure qu'il venait de recevoir. Les trois autres étaient les nommés *Jean-Maurice Bordon, Jean-Jacques Evanno* et *Pierre-Joseph Lehéricy.*

Que faisaient-ils là, tous quatre, dans un tel moment?
Le coup de feu qui a provoqué la mort de *Chavanne* l'indique assez. Cependant *Bordon*, *Évanno* et *Lehéricy*
ont cherché à faire admettre pour eux l'excuse que nous
avons déjà examinée pour tous. Notre appréciation est
donc complète à leur égard.

Un fait particulier à *Bordon* indique d'ailleurs, pour   BORDON.
lui comme pour ses complices, ce qu'il faut penser d'un
tel moyen. Il prétend qu'entraîné par la force au milieu
des révoltés, il n'a pu s'enfuir, et qu'il s'est vu contraint à
se réfugier dans l'impasse Beaufort; et cependant il est
obligé de convenir qu'il se trouvait à côté de *Ferrari*,
dont il était le camarade, au moment où *Ferrari* fut
frappé à mort par une balle reçue à la barricade Grenétat;
qu'il a aidé à le transporter dans une maison de la rue
Saint-Denis, au troisième étage. A ce moment, il était
libre; il pouvait ou rester dans cette maison, ou en descendre pour fuir le théâtre de la lutte; il y revient au
contraire : on le retrouve, plus d'une heure après, dans
un passage, l'un des derniers refuges des factieux, et
d'où part un dernier coup de feu. Comment pourrait-il
vouloir que l'on voie en lui une des victimes de la bru-
tale exigence des insurgés ?

Du reste, et au moment de son arrestation, *Bordon*
avait encore un fusil à deux coups et un assez grand nombre de cartouches : son fusil avait fait feu.

Évanno était, à cet égard, dans la même situation que   ÉVANNO.
Bordon. Il avait un fusil qu'il cachait derrière lui, et avait
en sa possession vingt cartouches. Lorsque le garde qui
l'avait arrêté le conduisit du cul-de-sac dans le passage
Beaufort, *Évanno* se mit à genoux et s'écria: *Donnez-moi
un coup de fusil, je l'ai bien mérité. Évanno* nie ce propos,

9

mais le garde a persisté jusqu'au bout dans sa déclaration.

Avant son arrestation, le prévenu avait été remarqué au milieu d'autres circonstances non moins graves. Dans un instant, et quand nous aurons à dérouler devant vous l'ensemble des témoignages qui ont éclairé les faits relatifs aux barricades Saint-Magloire, nous le retrouverons encore.

LEHÉRICY.

Lehéricy n'avait pas d'arme quand il a été arrêté. C'est un fait sans importance, alors que des armes et des munitions ont été trouvées, en assez grande quantité, dans diverses parties du passage; que deux fusils étaient dans l'impasse même, et qu'on en a découvert dans les magasins d'un négociant du passage, magasins adossés à l'impasse et prenant jour par une croisée dont les carreaux ont été brisés. D'un autre côté on a saisi sur *Lehéricy* trente-deux cartouches. *Lehéricy* le nie; il prétend n'avoir jamais eu qu'une cartouche sans balle, ramassée par lui à la place du Châtelet. Mais le garde qui a fait constater le fait de la saisie a persisté de la manière la plus positive, et rendu, par là même, la situation de *Lehéricy* aussi grave que la situation dans laquelle l'instruction a placé ses deux inculpés de l'impasse Beaufort.

BARRICADES SAINT-MAGLOIRE.

12 Mai, 6 et 8 heures et demie.

ÉVANNO.

Évanno reparaît ici, et les témoins le signalent, sinon comme étant resté à ces barricades jusqu'au dernier moment, du moins comme y ayant été aperçu pendant longtemps.

Un témoin, dont la maison a vue sur la rue et le cul-de-sac Saint-Magloire, a déclaré qu'il croyait reconnaître le nommé *Évanno* comme étant celui qu'il avait aperçu se couchant sous la porte cochère de l'auberge de M. *Solin,* et menaçant de tirer un coup de fusil sur ceux qui étaient en dedans et refusaient d'ouvrir.

Un autre témoin, lorsqu'il a vu *Évanno* dans une confrontation générale, a fait sur les mêmes circonstances une déclaration semblable.

Ce témoin a ajouté : «Je crois qu'il avait la même veste «qu'il a aujourd'hui; en l'entendant parler lorsque vous «me l'avez représenté, j'ai reconnu sa voix enrouée.»

Le même témoin, dans sa déclaration reçue un ou deux jours après, a dit encore qu'il avait vu *Évanno* tirer sur la troupe, et, en même temps, il a été bien plus affirmatif sur la reconnaissance de l'identité «Cet homme, «dit-il, avait fait une grande impression sur moi, parce «qu'il avait donné conseil aux insurgés d'ouvrir notre «porte, et je serais bien trompé si ce n'était pas celui que «vous m'avez représenté sous le nom d'*Évanno.* Cet «homme a tiré deux coups de fusil sur la troupe. Une «fois les insurgés voyant, à ce qu'il paraît, un militaire «qui s'embusquait dans la rue Salle-au-Comte, le long «de l'église Saint-Leu, dirent à cet homme: «*Dis donc, toi,* «*vieux, qui connais le tour.*» Je vis ce même individu «aller se mettre à genoux au coin de la rue Salle-au- «Comte et de la rue Saint-Magloire, derrière un tonneau «de porteur d'eau; il mit en joue, mais ne tira pas cette fois.»

Après cet exposé, et si le doute était permis encore, les dénégations même d'*Évanno* sembleraient devoir suffire pour le dissiper. En effet, elles vont trop loin pour lui mériter confiance, puisqu'il va jusqu'à dire qu'il n'a pas vu de barricades rue Saint-Magloire.

SIMON.

Honoré Simon, dont nous vous avons déjà parlé à l'occasion du pillage de la rue Sainte-Avoye, fut arrêté par le capitaine *Gard,* dans la rue Saint-Magloire, immédiatement après la prise des barricades de cette rue.

Simon venait de la rue Saint-Denis, où, comme on le sait, la troupe avait à l'instant même enlevé une barricade. Il demandait s'il y avait du danger et s'il pouvait passer. Il fut fouillé et on trouva sur lui un pistolet de poche dont le chien était abattu, trois ou quatre cartouches, des billes, des balles, un tourne-vis et une paire de ciseaux. Un garde remarqua que *Simon* avait les mains noircies, et l'entendit dire : *Je suis un jeune homme perdu ; tout ce qu'il y a à plaindre, c'est ma mère !*

Malgré le lieu et les circonstances de son arrestation, malgré la possession de l'arme et des munitions, malgré le propos si décisif qui lui est attribué, *Simon* a tout nié, comme il avait nié pour le fait de la rue Sainte-Avoye. C'est en menaçant de le faire fusiller qu'on l'aurait, selon lui, contraint à marcher. Est-il possible, en rapprochant ces deux faits et en faisant concorder leurs preuves, de traiter au sérieux pour lui une telle allégation. Son pistolet, il est vrai, n'avait pas fait feu ; mais, rue Sainte-Avoye, il a été vu et reconnu avec un fusil ; les cartouches saisies en sa possession sont du calibre ordinaire des fusils. Le rapprochement de toutes ces circonstances combinées pèse dès lors sur lui de tout son poids.

ESPINOUSSE.

Espinousse se présente ici de nouveau à notre attention, et dans une position qui semblerait annoncer qu'aux derniers moments, alors que tous les chefs avaient été mis en fuite ou hors de combat, il exerçait sur les factieux une sorte de commandement. Deux témoins ont déclaré en effet reconnaître *Espinousse* pour l'un de ceux qu'ils avaient aperçus dans les barricades de la rue Saint-Magloire. Un de ces témoins ajoute, et c'est là la circonstance importante, qu'il se trouvait au milieu des insurgés, allait et venait de l'un à l'autre, en parlant à tous. Ces détails doivent être exacts, car ces témoins ne se sont pas trompés sur l'identité : les circonstances particulières à l'arrestation d'*Espinousse* vont tout à l'heure confirmer leur déclaration.

L'instruction a rattaché au fait des barricades Saint-Magloire deux nouveaux prévenus, ce sont les nommés *Bertrand Dupouy* et *Antoine Fombertaux*.

Bertrand Dupouy a été reconnu par un garçon d'écurie du sieur *Solin*, dans la cour duquel les insurgés ont pénétré. Ce témoin a affirmé l'avoir remarqué dans les barricades de la rue Saint-Magloire avant qu'elles ne fussent attaquées et au moment où on les attaquait; il était armé d'un pistolet et avait fait feu sur la troupe. Le même témoin a déclaré avoir trouvé ensuite dans le fumier le pistolet qu'il avait vu entre les mains de *Dupouy,* et que ce pistolet était encore chargé. *Dupouy* a répondu à une déclaration aussi précise par un démenti : nous apprécierons, plus tard, et en parlant de l'arrestation du prévenu, la valeur de ce démenti.

DUPOUY (Bertrand), âgé de 21 ans, tailleur, né à Mont (Landes), demeurant à Paris, rue Verdelet, n° 2.

Le nom d'*Antoine Fombertaux* n'est pas nouveau pour la justice chargée de la répression des crimes politiques : indépendamment de ce qu'il y a d'hostile dans sa situation personnelle, *Antoine Fombertaux* est le père de l'un des individus qui ont été poursuivis et condamnés dans la publication du premier *Moniteur Républicain.*

FOMBERTAUX (Antoine), âgé de 43 ans, cordonnier, né à Neuilly-Encin (Allier), demeurant à Paris, rue de la Cossonnerie, n° 7.

Depuis l'attentat de mai, les chefs du parti qui l'avait organisé ont bien souvent protesté, avec un semblant de vive indignation, contre la solidarité que nous avons cherché à établir entre eux et les coupables auteurs de cette détestable publication. Déjà bien des liens les ont rattachés les uns aux autres; mais de nouvelles protestations seront impossibles, si *Fombertaux* père, est, en effet, descendu en révolté sur la place publique, et s'il a mis en action, autant qu'il dépendait de lui, les prédications incendiaires de son fils.

Le 12 mai, à 7 heures environ, *Fombertaux* père était

blessé d'un coup de feu. Un peu après la première attaque des barricades situées entre la rue Saint-Magloire
et le marché des Innocents, il fut transporté chez le sieur
Robertel, médecin, rue de la Chanvrerie, et il a été constaté par son propre aveu, qu'il avait été atteint d'une
balle précisément au moment de la première fusillade
engagée sur ces barricades.

Il est impossible de ne pas se laisser vivement préoc-
cuper de cette blessure et de son occasion, et il faut dire
que le soin même avec lequel le prévenu a cherché à la
cacher donne bien de la gravité à cette préoccupation.

Si cette blessure est la preuve du flagrant délit dans
l'attentat, l'on comprend que le coupable la cache à tous
les yeux; sa condamnation peut en dépendre.

Mais pourquoi agir ainsi quand c'est un malheur, une
fatalité et rien de plus? Lorsqu'un si déplorable hasard est
venu à se produire, l'autorité en a toujours été prévenue
la première, et la publicité s'en est emparée. C'est, en
effet, un titre, pour quelques-uns, à de justes secours et à
des réparations bien légitimes, et, pour tous, à l'offrande
des consolations publiques.

Pour expliquer sa présence sur ces lieux et sa blessure,
Fombertaux a déclaré qu'il était sorti une première fois,
dans l'après-midi, pour aller rejoindre sa femme, qu'on
lui avait dit être au Jardin des Plantes, et que, ne l'ayant
pas trouvée, il était rentré. Ne la rencontrant pas chez
lui, il se serait rendu chez le nommé *Lassault,* rue Pierre-
au-Lard, pour s'informer s'il l'avait vue. Il aurait quitté
Lassault vers six heures, pour rentrer chez lui. Ne pouvant pas prendre la rue Aubry-le-Boucher, parce qu'il
avait vu des grenadiers de la garde nationale faire feu
dans cette rue, il aurait gagné la rue aux Ours, aurait
suivi cette rue, la rue Salle-au-Comte et la rue Saint-
Magloire, et il arrivait à la rue Saint-Denis lorsqu'il aurait été blessé.

Cette explication a bien peu de vraisemblance, si l'on se rappelle l'heure à laquelle elle se reporte et les dispositions militaires qui avaient été prises dans ce quartier. Au moment où, d'après ses déclarations, il aurait traversé la rue aux Ours, les gardes municipaux et la troupe de ligne gardaient cette rue, dans laquelle ils étaient alors exposés au feu des passages Beaufort et Molière, et de la rue Saint-Magloire; ils n'auraient certainement laissé passer personne se dirigeant vers la rue Salle-au-Comte.

Fombertaux, d'ailleurs, serait-il entré dans cette rue s'il n'eût pas été du nombre des insurgés? Ne se serait-il pas aperçu qu'il y avait des barricades, et que, de ces barricades, on faisait feu sur les militaires? Si la crainte du feu de la garde nationale l'eût, comme il le dit, empêché de passer rue Aubry-le-Boucher, la même crainte n'aurait-elle pas dû l'empêcher de descendre la rue Saint-Denis, où il voyait des barricades, sur lesquelles le feu devait nécessairement être dirigé?

Telles sont, Messieurs, à l'égard de ce prévenu, les questions que vous aurez à vous adresser.

Cependant, les barricades ayant été enlevées sur ce point, la force armée garda toutes les rues qu'elles avaient occupées. Les insurgés pouvaient bien difficilement s'enfuir; c'est alors qu'ils se réfugièrent, pour la plupart, dans le passage et l'impasse Beaufort. Quelques autres se répandirent dans les écuries et les greniers de l'auberge *Solin.* D'autres, enfin, au nombre de cinq, escaladèrent le toit d'une petite écurie, pénétrèrent ainsi dans une maison voisine et parvinrent à se cacher dans un grenier de cette maison. A côté de ce grenier et sur le toit adjacent, on trouva, au moment de leur arrestation, des munitions et quatre fusils chargés; trois de ces fusils avaient fait feu plusieurs fois.

Deux des individus arrêtés dans ce grenier ont été l'objet, de la part de votre commission, d'une ordonnance de non-lieu. Aucun fait matériel qui leur fût propre n'est venu aggraver la circonstance, au moins étrange, de leur arrestation. Les trois autres étaient, *Hubert, Espinousse* et *Dupouy.*

HUBERT.

Hubert, que le pillage de la rue Sainte-Avoye avait trouvé à côté de *Simon,* se retrouve avec lui aux mêmes lieux, puisqu'ils sont arrêtés tous deux après la destruction des barricades Saint-Magloire, et à quelques pas l'un de l'autre. Quelque soin qu'eussent pris les factieux pour se débarrasser de leurs munitions, ils n'avaient pu cependant y arriver d'une manière complète : *Hubert* avait encore sur lui 40 capsules; il a prétendu les avoir trouvées. D'un autre côté, comme *Espinousse* et *Dupouy,* il a cherché à justifier sa présence dans un tel lieu par la nécessité où l'avait mis la fusillade engagée sur ce point. Est-ce, quant à eux trois, une explication sérieuse ? Votre arrêt en décidera.

ESPINOUSSE.

Au moment de l'arrestation d'*Espinousse,* il a été constaté que ses doigts, et surtout l'index de sa main gauche, étaient noirs de poudre et en exhalaient l'odeur. *Espinousse* a été obligé d'en convenir, en disant que cette poudre provenait sans doute du fusil que, par la force, on avait placé dans ses mains à la place du Châtelet; de telle sorte que, suivant lui, il faut remonter jusqu'à quatre heures pour trouver la cause d'un fait constaté à huit heures, huit heures et demie; il faudrait admettre aussi que la contrainte dont il aurait été dominé aurait exercé sur lui un bien cruel et bien persévérant empire, puisqu'elle ne l'aurait, en quelque sorte, abandonné qu'au moment de son arrestation. Vos consciences auront à apprécier les doutes graves que nous

conservons sur la possibilité de croire à une pareille excuse.

Toutefois, avant d'abandonner *Espinousse* à votre dé-
libération, il est un dernier fait que nous devons vous
faire connaître. Pendant toute la matinée du 12 mai, *Espinousse* portait un costume ordinaire. Quand il a été arrêté
dans le grenier, il portait une blouse, et il convient lui-
même de l'avoir mise dans le courant de la journée. Vous
savez que c'était là l'habit de combat des sectionnaires
d'une certaine condition. Après tout ce qui a été révélé
contre *Espinousse,* dans le courant de cette journée, ce
changement de costume est peut-être plus qu'une présomption.

Dupouy avait quelques grains de poudre dans la poche
droite de son gilet; sa main droite et surtout le bout de
l'index étaient noircis, comme la main gauche d'*Espinousse,* et exhalaient fortement l'odeur de la poudre.

Dupouy cherche à expliquer la présence de cette poudre, en disant qu'il a ramassé, rue Saint-Antoine, une
moitié de cartouche, sans balle; qu'il l'a défaite en marchant, et que, sans doute, tout en laissant tomber quelques grains de poudre dans la poche de son gilet, il s'était
noirci les doigts, en y portant la main.

Dupouy prétend, en outre, qu'il est sorti de chez lui
vers trois heures; qu'il est allé par les boulevards jusqu'à
la Bastille; qu'il a vu du monde sans savoir ce que c'était;
qu'il a descendu la rue Saint-Antoine pour gagner le quai;
qu'arrivé sur le quai il a entendu dire qu'on se battait;
qu'il avait voulu prendre le marché pour rentrer chez
lui; que, tout à coup, il vit la garde nationale venant par
la rue Saint-Denis et tirant de son côté; que, de l'autre
côté, la troupe de ligne avançait aussi en faisant feu, et
qu'il se refugia alors dans un grenier. C'est là, comme on
le voit, la répétition de la défense commune. Mais il est,
à l'égard de ce prévenu, un rapprochement que l'instruc-

DUPOUY.

10

tion rend nécessaire et qui le place sur le même rang que ses coprévenus. *Dupouy,* en effet, se rattache à *Espinousse* par des circonstances bien dignes de remarque; il est du même âge, il exerce pareillement l'état de tailleur; comme lui, on l'aperçoit à l'une des barricades Saint-Magloire, dans la situation la plus hostile; il cherche, enfin, le même refuge et se trouve arrêté en même temps. La même décision judiciaire semble devoir aussi être réservée à tous deux.

Tel est, Messieurs, le résumé de la procédure, à l'égard des faits dont ce quartier a été le théâtre. Mais, à une heure ou deux d'intervalle, une nouvelle arrestation eut lieu dans un lieu voisin. C'était celle du nommé *Joseph-Ange Mérienne.*

MÉRIENNE (Joseph-Ange), âgé de 18 ans, bijoutier, né à Rennes (Ille-et-Vilaine), demeurant à Paris, nº 32, quai Pelletier.

Mérienne fut arrêté dans la soirée rue aux Ours; il venait de la rue Salle-au-Comte, et on trouva sur lui un fusil de chasse à deux coups, très-court, qu'il avait caché dans son pantalon; on trouva aussi en sa possession une cartouche, des capsules, une poire à poudre, des morceaux de plomb et un peu de poudre. Il a dit d'abord qu'il avait trouvé ce fusil et qu'il l'avait ramassé pour l'emporter chez lui; mais les munitions saisies démentaient cette assertion. Aussi, dans son dernier interrogatoire, il a prétendu qu'il était allé se promener aux Champs-Élysées, et était revenu par les boulevards; qu'il avait descendu la rue Saint-Denis, parce que, voyant de la troupe, il pensait qu'il n'y avait pas de danger; que des insurgés qu'il avait rencontrés dans une petite rue donnant dans la rue Saint-Denis l'avaient forcé à prendre le fusil et les munitions saisies sur sa personne; qu'il avait ainsi fait quelques pas avec eux.

Il résulte du procès-verbal du commissaire de police que *Mérienne* a été arrêté vers dix heures; il y avait déjà longtemps que les insurgés étaient dispersés. D'ailleurs ses explications ne sont pas conformes à l'exactitude des faits.

En effet, il n'a pu descendre la rue Saint-Denis depuis l'arrivée de la troupe dans cette rue, puisque, jusqu'au moment de la prise de la dernière barricade (celle près la rue Saint-Magloire), les militaires ne laissaient descendre dans la rue Saint-Denis que ceux qui demeuraient dans cette rue, entre les rues du Renard et du Lion-Saint-Sauveur, et que, si *Mérienne* était parvenu à obtenir passage, on n'aurait pas manqué de le prévenir du danger.

Après la prise de cette barricade, il n'aurait pas trouvé, dans les rues adjacentes, un groupe d'insurgés qui pût le forcer à prendre un fusil.

Il serait donc établi, par cette déduction de faits, que *Mérienne* aurait pris part à l'insurrection: l'état de son fusil, qui a fait feu, semble indiquer aussi qu'il a tiré plusieurs coups. On peut présumer que, lorsqu'il a été arrêté, il venait du cul-de-sac Saint-Magloire, où, sans doute, il s'était caché après l'engagement. Toutefois nous devons faire observer à la Cour, qu'aucun témoin n'a reconnu cet inculpé.

Nous sommes arrivés, Messieurs, à un ordre de faits qui n'appartient plus à la partie de l'attentat dont les actes ont éclaté dans les quartiers Saint-Martin et Saint-Denis; mais l'instruction représente aussi ces faits nouveaux comme des épisodes très-importants de la journée du 12 mai.

En effet, pendant que le plus grand nombre des factieux élevaient avec tant d'ensemble les barricades dont nous venons de vous parler, de nouvelles barricades s'élevaient aux mêmes heures, et par les mêmes moyens, d'un côté, dans les rues qui de la rue Saint-Martin conduisent au cœur du Marais, et, d'un autre côté, dans les rues qui servent de communication entre la rue Saint-Denis et le quartier Montmartre.

10.

Deux faits principaux ont ici frappé notre attention; nous devons les signaler à la vôtre.

BARRICADE PASTOURELLE.

12 Mai, 5 et 6 heures.

LOMBARD.

Nous avons déjà eu l'occasion de vous parler de *Lombard*, dont le nom s'est trouvé mêlé au pillage de la rue Sainte-Avoye.

Les actes qui ont été commis dans les rues voisines de celle du Temple ramènent ici la mention de cet inculpé.

Lombard a été arrêté, le 29 mai dernier, à son domicile. Une perquisition fut faite à l'instant et amena la saisie d'un morceau de mérinos rouge, plié en forme de cravate; nous aurons bientôt à indiquer à quel usage cette étoffe avait été employée.

Le dimanche 12 mai, après le pillage *Laroully*, pendant que le groupe principal se dirigeait vers la mairie du 6ᵉ arrondissement, quelques insurgés, parmi lesquels se trouvait *Lombard*, se rendirent au carrefour des rues Pastourelle, d'Anjou et du Grand-Chantier. Là ils renversèrent un fiacre et se firent remettre des charrettes, des tonneaux et des planches, dont ils se servirent pour former une enceinte de barricades. La troupe de ligne étant survenue, ils firent feu sur elle: dans cet engagement, qui fut bientôt suivi de la prise des barricades, il y eut deux sergents tués et plusieurs soldats blessés.

Lombard est positivement reconnu pour s'être trouvé à cette attaque et y avoir été vu, ceint du morceau d'étoffe rouge dont nous venons de parler; à cette ceinture était attachée une baïonnette obtenue, à l'aide de menaces, de la dame *Goutte*, rue Pastourelle, nº 18.

Lombard a été si bien reconnu par les témoins, qu'il n'a pu nier sa présence sur ce point; mais, s'il l'avoue,

c'est pour chercher à s'en disculper. Suivant lui, s'il
avait mis autour de son corps un morceau d'étoffe
rouge, c'était pour tenir son pantalon. Il avoue bien
avoir eu la baïonnette en sa possession, mais ce ne serait
pas lui qui s'en serait emparé. Il nie surtout avoir fait feu
avec le fusil dont il était porteur; il ajoute, au surplus,
que c'est par suite des menaces qui lui ont été faites qu'il
a été forcé de suivre les insurgés, de s'armer du fusil et
de la baïonnette.

Ces déclarations peuvent-elles être admises, lorsqu'on
le voit demander des pierres à fusil à un témoin, rue du
Temple, pour mettre son arme en état; lorsqu'on le voit
ensuite, sur le refus fait par ce témoin de lui en livrer,
se servir des pierres à fusil enlevées chez le quincaillier
de la rue Saint-Avoie; quand, enfin, son arme a été re-
trouvée entre les mains d'un sieur *Duval*, chez qui il
l'avait déposée, dans la soirée du 12 mai, en disant qu'il
reviendrait la chercher : car il espérait sans doute alors
que, l'insurrection prenant un caractère plus grave, il
pourrait y participer de nouveau.

Du reste, *Duval* a remarqué (ainsi qu'on l'a judiciairement constaté plus tard) que ce fusil avait fait feu plusieurs fois : la preuve en ressortait suffisamment des traces
produites sur le canon par les pierres, qui étaient trop
larges pour ce fusil. Or, il y a cela de grave que *Lombard* avoue avoir eu ce fusil en sa possession depuis le
commencement de l'insurrection; il avoue également que
les pierres n'y étaient pas encore placées, et qu'elles ont
été mises après le pillage du magasin de quincailleries de
Laroully. Comment se pourrait-il faire, dès lors, qu'il
n'eût pas à répondre des coups de feu qui ont été tirés
avec cette arme et dans une telle occasion ?

L'instruction lui impute un dernier fait. Le lundi,
comme vous le savez, le garde national *Morize* fut désarmé, rue Michel-le-Comte, par un rassemblement de

factieux, au nombre desquels se trouvait, vous vous en souvenez encore, le condamné *Noël Martin:* ce garde national croit reconnaître en *Lombard* un des hommes qui composaient ce rassemblement.

BARRICADE TIQUETONNE ET MONTORGUEIL.

12 Mai, 5 et 6 heures.

DUHEM (Paul-Étienne-Hippolyte), âgé de 20 ans, tailleur, né à Paris, y demeurant, rue Marie-Stuart, nº 11.

Vers quatre heures du soir, une bande d'insurgés, la plupart armés de fusils de chasse et de munition arrivèrent rue Montorgueil, en face de la rue Tiquetonne, et y commencèrent une barricade.

DAVY (Charles), âgé de 30 ans, né à Zara (Dalmatie), tailleur - coupeur, demeurant à Paris, rue Montorgueil, nº 48.

Environ deux heures après survinrent des grenadiers de la 3e légion de la garde nationale, sous le commandement de M. *Daugny,* chef de bataillon, accompagnés de soldats du 15e de ligne ayant à leur tête le sergent *Perrault.* Ils furent accueillis par plusieurs coups de feu partis de la barricade, dont l'un atteignit le garde national *Ledoux,* qui fut recueilli sous une porte cochère de la rue Tiquetonne où il expira au bout de quelques instants.

A la vue de ce meurtre, le chef de bataillon *Daugny* se précipita en avant; les gardes nationaux et les soldats suivirent son exemple, et la barricade fut enlevée. Les insurgés prirent alors la fuite et se dispersèrent.

En ce moment le sergent *Boyer,* de la garde nationale, était placé dans l'embrasure d'une porte cochère, à gauche dans la rue Tiquetonne, et surveillait un insurgé retranché dans la rue Montorgueil derrière l'encoignure de la dernière maison de la rue Tiquetonne à droite, d'où il apparaissait par intervalles et faisait feu sur la force publique. Le sergent, voyant cet insurgé sortir une dernière fois de derrière l'encoignure, en ne montrant que sa tête, son bras droit et son fusil qu'il dirigeait sur lui, fit feu. L'insurgé fit feu de son côté, et atteignit le sergent d'une balle qui, après être entrée par la manche gauche de sa capote, sortit par la manche droite, sous l'aisselle, sans l'avoir blessé, ne laissant qu'une trace en sillon sur sa poitrine. Le sieur *Boyer* signale celui qui l'avait atteint de si près comme vêtu d'une redingote, et coiffé d'un chapeau noir. Ce n'était pas là, du reste, le costume de celui auquel la rumeur publique et la notoriété des témoignages attribuent la mort du sieur *Ledoux ;* il paraîtrait que l'assassin de ce garde national était vêtu d'une blouse.

Quoi qu'il en soit, ceux qui venaient d'enlever la barricade arrêtaient plusieurs individus qu'ils relâchaient immédiatement dès que l'on concevait un doute sur sa culpabilité : ils avaient ainsi relâché un individu qu'ils avaient trouvé rue Montorgueil, à droite en tournant la rue Tiquetonne, vêtu d'une redingote courte en drap noir, portant des favoris noirs, paraissant avoir les mains noires, ce qu'il avait expliqué par son état de tailleur.

Un seul de ces individus ainsi arrêtés fut retenu. Il avait été trouvé caché sous une porte cochère, du même côté droit de la rue Montorgueil, près de la rue Tiquetonne, et l'état de ses mains semblait attester qu'il avait touché de la poudre à fusil ; c'était le nommé *Duhem.*

Cependant les recherches de l'autorité apprirent bientôt qu'un nommé *Druy*, ouvrier tailleur, demeurant rue Montorgueil, nº 48, avait été blessé dans la révolte. Il fut arrêté le 21 mai, et il fut reconnu qu'en effet il portait au bras droit, au-dessus du coude, une blessure faite par une balle.

Une instruction fut dirigée contre *Duhem* et contre lui ; voici ce qui en est résulté, en ce qui concerne chacun d'eux.

Duhem est âgé de vingt ans et ouvrier tailleur. Au mo- DUHEM.

ment de son arrestation, il était vêtu d'une blouse et coiffé
d'une casquette; il avait les mains noires, et, d'après les
dépositions des témoins, ses mains avaient la couleur et
même l'odeur de la poudre: sa main droite était plus
noire que la gauche, ce qui se remarque ordinairement
chez ceux qui se servent de fusils et de cartouches.

Il résulte de l'instruction, et *Duhem* ne le nie pas,
qu'il s'occupait de politique, et que ses opinions étaient
des plus hostiles.

Il s'était chargé de réparer un habit et un pantalon
pour un jeune homme de son hôtel qui, le lendemain,
devait partir pour une noce à quelque distance de Paris;
mais, pour se joindre à la révolte, *Duhem* avait tout
quitté : on constata le lendemain que l'ouvrage n'était
pas fait, et le jeune homme ne put se rendre à la noce où
il était attendu.

Ajoutons que *Duhem* habitait le garni du nommé *Mou-
tier,* connu, ainsi que ses fils et la plupart de ses loca-
taires, pour l'exaltation de leurs idées anarchiques.

Pour sa défense, *Duhem* répond que ses mains étaient
noires, non de poudre, mais de boue, parce que les insurgés de la barricade Tiquetonne lui avaient mis de
force un pavé dans les mains pour le faire travailler avec
eux à la barricade. Il y avait été attiré, dit-il, par la
seule curiosité; en quittant un de ses amis chez qui il
travaillait aux vêtements qu'il devait réparer, pour
aller chercher à son garni quelque chose qu'il avait oublié. S'il n'a pas fait connaître, tout d'abord, qu'il eût
été blessé au bras, c'est qu'il croyait que la chose était
inutile.

Revenant dans son dernier interrogatoire sur l'état de
ses mains, il a ajouté que les mains des tailleurs étaient
souvent noircies par la chaleur du fer et la vapeur de l'é-

ponge. Du reste, il ne connaissait, s'il faut l'en croire, aucun des insurgés.

Comme on le voit, son système est le système de tous : il est constaté, par sa présence et par son aveu, qu'il était à la barricade et qu'il y a travaillé; par ses mains, qu'il a touché de la poudre, et il espère se disculper au moyen de cette excuse que vous avez déjà appréciée.

Druy est âgé de trente ans; il est ouvrier coupeur-tailleur. Indépendamment des faits actuels, ses antécédents étaient bien de nature à appeler sur lui les investigations de la justice. Il avait été arrêté lors de la révolte du 6 juin 1832, et il convient qu'il a appartenu à la *Société des Droits de l'Homme*. Aujourd'hui même il ne cache pas qu'il est républicain; mais il nie avoir pris part à la révolte des 12 et 13 mai dernier. Voici ce que l'instruction a établi à sa charge :

On a vu, dans l'exposé préliminaire, qu'un des insurgés, vêtu d'une redingote et coiffé d'un chapeau noir, avait tiré plusieurs coups, du coin, à droite, des rues Tiquetonne et Montorgueil, et il paraît vraisemblable que c'est le même insurgé qui a fait feu sur le sergent *Boyer*.

Or, le nommé *Ubriq*, voltigeur au 15e de ligne, reconnaît positivement *Druy* pour l'avoir arrêté rue Montorgueil, précisément du côté droit, à peu près à la troisième maison au-dessous de la rue Tiquetonne, au moment où la barricade venait d'être formée; *Druy* cherchait à entrer dans la maison, mais il ne le put, la porte ayant été fermée de l'intérieur. *Ubriq* examina ses mains, et il y vit qu'elles étaient maculées de poudre; il les sentit, et elles en avaient l'odeur très-prononcée. *Druy* avait une redingote noire et un chapeau noir, et il portait un collier de barbe très-brune. *Ubriq*, dans sa confrontation avec *Druy*, a remarqué qu'il avait, depuis,

DRUY.

11

laissé pousser son collier en pointe de chaque côté de la bouche.

L'un des grenadiers de la garde nationale était présent à cette arrestation, et il reconnaît également *Druy*.

Ubriq l'avait laissé aux gardes nationaux, pensant qu'ils allaient le conduire à la mairie ; mais *Druy* obtint d'eux d'être relâché.

Toutefois, la circonstance des marques de poudre est trop formellement attestée par *Ubriq,* pour qu'il soit possible de douter de la coopération de *Druy* à l'acte sanglant de la rue Tiquetonne.

Sa présence dans ce lieu est attestée par plusieurs voisins ; un marchand de vin déclare que *Druy* est venu chercher chez lui un litre de vin, au moment même où les insurgés envahissaient la rue, vers quatre heures de relevée. Un autre témoin l'a vu dans le quartier, à la même heure. — Les portiers de la maison rue Montorgueil, n° 48, où demeurait *Druy,* l'ont vu aller et venir, pendant qu'on faisait la barricade et que la fusillade avait lieu ; le portier ajoute que la femme de *Druy* pleurait, et qu'elle lui a dit : *Mon ami, rentre; nos petits enfants pleurent.*

Un fait grave vient ajouter à ces indices. Le sergent *Boyer* qui a essuyé le coup de feu d'un insurgé, et qui a déchargé son arme au même instant, déclare que si son coup a porté, c'est au bras droit qu'il a dû blesser l'homme qui tirait simultanément sur lui. Or il se trouve que *Druy* a été blessé et qu'il l'a été précisément au bras droit, au-dessus du coude, à l'endroit où la balle devait frapper dans l'attitude où se trouvait l'insurgé, tenant en joue son fusil. *Druy* enveloppe d'ailleurs cette blessure d'un étrange mystère. Il rentre, et ne s'en plaint à personne ; il n'envoie même pas chercher de médecin ; c'est un nommé *Mesnard*, ouvrier imprimeur, locataire de la même maison, qui lui donne ses soins et le panse secrètement, chaque jour. *Druy* se hâte de faire réparer sa chemise par une ouvrière de la maison; quant à sa redingote, il la laisse chez son patron, où elle a été saisie, sans être réparée, mais après en avoir dénaturé la déchirure.

Ce n'est que le 21 mai que *Druy* a été arrêté; mais sa conduite dans la journée du 12 était tellement connue, que, dès le lendemain 13, son propriétaire lui avait fait donner congé.

Les explications qu'il a présentées pour sa défense sont contradictoires et invraisemblables.

Dans son premier interrogatoire, il répond qu'il ne sait pas qui l'a blessé; qu'il croit que ce sont plutôt les insurgés que la troupe; qu'il avait travaillé jusqu'à six heures du soir sans connaître les événements; qu'il revenait du boulevard par la rue Saint-Denis, lorsque, arrivé au coin de la rue Saint-Sauveur ou de la rue Thévenot, il a été atteint d'une balle au coude. Il ajoute qu'il pouvait être sept heures, sept heures et demie du soir, et qu'il n'a pas vu de barricade.

Plus tard, comme il apprend que ses voisins ont été entendus et qu'il pense nécessairement qu'ils ont dit l'avoir vu dans son quartier avant sept heures du soir, il change de système; il ajoute qu'il a oublié de dire qu'avant sa rentrée définitive, le 12 mai, à son domicile, il y était venu de son magasin, où il était retourné ensuite. Son patron, entendu, ne parle que d'une seule sortie de *Druy,* après laquelle il ne serait pas revenu.

C'est à six heures, dit *Druy,* qu'il est venu cette première fois à son domicile; et, chose étrange, il prétend n'avoir pas vu de barricade. Il a dit à *Mesnard* qu'il avait

11.

fait une course pour son patron; ce dernier n'en a pas parlé.

Du reste, il nie formellement s'être trouvé dans son quartier, au moment de la barricade et de la fusillade.

ATTAQUE DE LA RUE D'AMBOISE.

TENTATIVE D'ASSASSINAT SUR LA PERSONNE DU COLONEL *PELLION*.

12 Mai, de 8 à 9 heures du soir.

BONNEFOND (Jean-Baptiste), âgé de 30 ans, traiteur, demeurant à Paris, rue St-Marc-Feydeau, n° 3. (Absent.)

L'insurrection, en se propageant jusqu'au quartier Montmartre, devint contagieuse pour les quartiers qui le touchent, et notamment pour le quartier de la Bourse et le quartier Feydeau.

Du reste, ce n'était pas de la part des factieux l'effet du hasard de leur marche. Le frère de *Pierre Bonnefond,* est traiteur, rue Saint-Marc-Feydeau, son établissement a été, dans les journées des 12 et 13, le lieu de rendez-vous et comme le quartier général d'un grand nombre d'insurgés. Avant même les premières attaques, on a remarqué chez lui des allées et venues continuelles, et les premiers coups de feu avaient à peine signalé l'attentat, qu'un mouvement plus actif, une agitation plus vive, dénonçait la complicité du chef de cette maison et des hommes dont il était alors environné. A cinq heures, des insurgés armés et en assez grand nombre envahirent le quartier et se montrèrent dans la rue Feydeau; on vit alors cinq ou six hommes en blouse entrer chez *Bonnefond;* ils sortirent après y être restés quelques minutes; d'autres individus leur succédèrent, qui furent eux-mêmes remplacés par d'autres, et, pendant tout le cours de la soirée, des com-

munications de même nature furent établies sans interruption. On remarqua que les individus qui se présentaient ainsi chez *Bonnefond* se séparaient en sortant, et
prenaient des directions différentes; quelques-uns d'entre
eux étaient armés; presque toujours ils entraient par la
porte de la maison dans laquelle le restaurant de *Bonnefond* est établi, quoique cette voie soit interdite à *Bonnefond* par son bail; quand ils se présentaient à la porte du
restaurant, on l'entr'ouvrait à peine pour les laisser entrer,
comme si l'on eût craint que des regards étrangers ne
pussent apercevoir ce qui se passait dans l'intérieur.

Dans la journée du lundi, des faits tout aussi significa-
tifs révélèrent les relations de *Bonnefond* avec les insurgés; on a remarqué notamment un individu qui, parcourant
sans cesse les rues voisines, venait ensuite devant la maison
de *Bonnefond* indiquer par signes, à ceux qui s'y trouvaient
réunis, la direction qu'ils devaient prendre. *Bonnefond*
lui-même, soit dans cette même journée, soit dans celle du
dimanche, paraissait très-affairé et très-animé; on le vit,
à plusieurs reprises, sortir avec quelques hommes et rentrer
avec d'autres quelques instants après, sans que ces courtes
et fréquentes absences pussent, dans les habitudes de sa
vie, avoir aucune explication. L'instruction établit, enfin,
que quatre conducteurs de diligences, qui avaient com-
mencé chez lui leur dîner, le dimanche 12 mai, sont
sortis avant d'avoir achevé leur repas, et qu'ils ont dit
chez un marchand de vin voisin, en parlant de leur
brusque départ : « Comme nous nous compromettions! »
Malheureusement ces quatre hommes, qui eussent été des
témoins si précieux, n'ont pas pu être retrouvés.

Bonnefond qui, le lundi 13 mai, s'était levé, contre son ha-
bitude, à quatre heures du matin, et était presque immédiatement sorti, a quitté tout à fait son domicile dans la soirée
de ce même jour et n'y a pas reparu. Cette fuite vient
confirmer les faits qui établissent la part active et cou-

pable qu'il a prise à l'attentat; les antécédents de cet ancien *commissaire de quartier* dans la *Société des Droits de l'Homme* ne permettent aucun doute sur la violence de ses opinions républicaines.

PORNIN (Bernard), gantier, âgé de 42 ans, né à Limoges (Haute-Vienne), demeurant à Paris, rue Saffe - au - Comte , n° 10.

Le nommé *Pornin*, qui a été aussi commissaire de quartier dans la *Société des Droits de l'Homme*, était lié d'une manière intime avec *Bonnefond*, surtout depuis qu'ils avaient été poursuivis et détenus ensemble; les 12 et 13 mai, il a passé chez *Bonnefond* la plus grande partie de la journée: on l'y a vu entrer, on l'en a vu sortir plusieurs fois; il convient qu'il a parcouru une partie des lieux envahis par l'insurrection, et qu'il a été, pour rendre compte de ce qu'il avait vu, dans les bureaux du *National,* où on lui aurait dit que c'était une affaire de police. Il devait savoir lui-même à quoi s'en tenir à cet égard, car il ne paraît pas qu'il ait pu rester étranger à rien de ce qui se passait chez *Bonnefond. Pornin* est l'un des accusés d'avril qui se sont échappés de Sainte-Pélagie; il a été condamné, par votre arrêt du 23 janvier 1836, à cinq ans de détention.

BONNEFOND (Jean-Baptiste).

L'instruction n'a pu parvenir à déterminer quels sont les faits particuliers d'attentat dans lesquels s'est exercée spécialement l'influence de *Bonnefond* sur les insurgés. La nature de ses fréquentes communications avec eux établissait qu'il leur donnait ou leur transmettait des ordres, qu'il leur imprimait une direction, qu'il contribuait à coordonner leurs mouvements. Mais ces actes d'une complicité évidente se rattachent moins à quelqu'une des circonstances spéciales de l'insurrection qu'à l'ensemble de ses mouvements. Cependant, parmi les diverses bandes d'insurgés qui ont, le 12 mai, ensanglanté les rues de la capitale, il en est une qui paraît avoir eu des rapports plus clairement établis avec *Jean-*

Baptiste Bonnefond et les individus qui se trouvaient chez lui. C'est celle dont faisaient partie les nommés *Argout, Vallière* et *Herbulet,* et à laquelle doit être imputée la tentative de meurtre commise sur la personne du colonel *Pellion.* L'instruction a pu suivre cette bande de meurtriers dans ses mouvements et dans sa marche, et le récit des faits qui la concernent va démontrer qu'elle a dû être plus particulièrement soumise à l'influence et à la direction de *Jean-Baptiste Bonnefond.*

Le dimanche, 12 mai, vers sept heures et demie, huit heures du soir, le lieutenant général *Cubières,* alors ministre de la guerre, monta à cheval pour se rendre sur le boulevard près des troupes qui s'y trouvaient. Il était accompagné de plusieurs officiers d'état-major; de ce nombre était le colonel *Pellion.*

Arrivé près de la rue des Filles-Saint-Thomas, le général fut averti que des insurgés, au nombre de huit ou dix, étaient en embuscade au coin des rues d'Amboise et Favart, et qu'ils y chargeaient leurs armes. Aussitôt le colonel *Pellion* partit au galop, et se dirigea vers la rue d'Amboise. Les portes et boutiques étaient fermées, les réverbères n'étaient point allumés : l'obscurité, sur ce point, était complète.

Dès son entrée dans cette rue, le colonel *Pellion,* croyant apercevoir près de lui, sur le côté, un homme collé contre le mur, fit un léger temps d'arrêt; mais, reprenant aussitôt sa course, en un instant il arriva à l'extrémité de cette rue.

Il allait tourner le coin et entrer dans la rue Favart, lorsque plusieurs hommes armés, barrant le passage, lui crièrent : *Citoyen, citoyen, où vas-tu?* Au même instant, un de ces hommes voulut prendre le cheval par la bride; le colonel, qui avait l'épée à la main, étant parvenu à se dégager, voulut rebrousser chemin; dans ce moment, un

ARGOUT (Jean-Frédéric), né à Trèves (Prusse), compositeur d'imprimerie, demeurant à Paris, rue Neuve-Saint-Denis, n° 27. (Absent.)

HERBULET (Jean-Nicolas), âgé de 29 ans, ébéniste, né à Mesnil, canton de Fresne (Meuse), demeurant à Paris, rue Louis-Philippe, n° 2.

VALLIÈRE (François), âgé de 31 ans, né à Issoire (Puy-de-Dôme), imprimeur, demeurant à Paris, rue Contrescarpe-Dauphine, n° 7.

des assaillants cria: *Tirez, feu! feu!* et aussitôt plusieurs
coups de feu furent tirés sur lui à bout portant. Atteint
de deux balles, une dans les reins, et l'autre au bras, le
colonel remonta cette rue d'Amboise de toute la vitesse
de son cheval; mais, poursuivi par les insurgés, il a encore, avant d'entrer dans la rue Richelieu, essuyé une
décharge de trois coups de feu dont heureusement il n'a
point été atteint. Six coups de fusil au moins, peut-être
huit coups, ont été tirés sur cet officier. Les balles qui
l'ont frappé, les traces de celles remarquées et constatées
sur les maisons de cette rue; celles qui sont venues blesser le sieur *Fonbonne,* qui se trouvait alors dans son
appartement, à l'entresol de la maison rue de Richelieu,
n° 102, ne peuvent laisser aucun doute sur le nombre
des insurgés qui ont fait feu dans cette circonstance. Ce
nombre témoigne de leur acharnement et de la lâcheté
avec laquelle huit ou dix hommes armés ont poursuivi cet
officier, qui n'avait que son épée pour se défendre.

Quoi qu'il en soit, le colonel *Pellion,* miraculeusement
échappé à une mort qui paraissait devoir être certaine,
a été grièvement blessé. Il est reconnu et constaté par
les hommes de l'art que sa guérison n'a pu être complète
qu'au bout de 3 ou 4 mois.

Pour arriver à connaître les auteurs et complices de
ce crime, il faut établir à quelle bande ils appartenaient;
quelle route ils ont suivie; à quelles autres attaques ils
ont pris part.

Vers 7 heures et demie, une bande de douze à quinze
insurgés, les uns armés, les autres sans armes, marchant,
tantôt réunis, tantôt par six ou sept, s'est présentée dans
les rues Mondétour, Mauconseil et dans celles qui les
avoisinent. La maison du sieur *Moreau,* marchand de vin,
rue Mondétour, n° 28, a été la première l'objet de leurs
attaques. Après avoir violemment frappé sur la devan-
ture de la boutique, enfoncé les volets, cassé les carreaux,

ils sont entrés en criant : « *Des armes! il nous faut des armes!*» A défaut d'armes, ils se sont emparés de trois ou quatre couteaux. Dans le même moment, ces mêmes insurgés sont entrés chez les sieurs *Lefebvre* et *Deschamps*. Comme chez *Moreau*, leur but était d'avoir des armes; ils ont obtenu le fusil du sieur *Lefebvre*.

Dans ces circonstances, on a remarqué, montant la garde à la porte du sieur *Moreau*, tandis que ses complices avaient pénétré dans l'intérieur, un homme âgé de 35 à 40 ans environ, vêtu d'une blouse blanche, coiffé d'une calotte, et armé d'un fusil de munition. Cet homme avait travaillé dans le quartier; on le connaissait de vue; plusieurs témoins le signalent comme ayant à la figure un signe qui le distingue ou une cicatrice, et un des garçons de magasin chez le sieur *Évrard* a reconnu *Argout* dans la personne de l'insurgé qui montait la garde à la porte du sieur *Moreau:* il le connaissait depuis long-temps; ils s'étaient trouvés ensemble dans le même atelier. Il est entré chez les sieurs *Lefebvre* et *Deschamps;* le signalement donné par ces deux témoins ne peut laisser aucun doute à cet égard. Il paraissait être le chef de la bande; c'est à lui qu'on s'adressait pour savoir sur quel point il fallait se porter. *Herbulet* et *Vallière* paraissent aussi avoir pris part à ces premières attaques; *Lefebvre,* sans pouvoir l'affirmer, croit reconnaître dans *Vallière* l'insurgé qui lui a demandé son fusil: c'est la même taille, la même mise; et, s'il hésite à le reconnaître d'une manière tout à fait positive, c'est que l'inculpé a la barbe moins noire, les cheveux et la barbe plus longs.

Mais un fait grave qui vient suppléer à la reconnaissance formelle du témoin, c'est que, deux heures plus tard, lorsque *Vallière* est arrêté, c'est le fusil de *Lefebvre* qui est trouvé en sa possession.

Le sieur *Deschamps* croit aussi remarquer dans *Her-*

12

bulet une très-grande ressemblance avec un des insurgés qui ont envahi son domicile.

Quoi qu'il en soit, les insurgés quittent les sieurs *Moreau, Deschamps, Lefebvre,* en disant: *Allons rue Feydeau;* c'est en effet la direction qu'ils ont prise. Ils parcourent la rue du Cadran; ils étaient alors dix à douze, armés de fusils de munition et de chasse. *Argout* est toujours avec eux; il est encore positivement reconnu sur ce point par la dame *Courtois,* qui, sans savoir son nom, depuis longtemps le connaissait de vue.

C'est en quittant la rue du Cadran que nous retrouvons cette même bande dans la rue des Jeûneurs. Là, le sieur *Venant,* avocat, sergent-major de la garde nationale, a été attaqué, désarmé; et, sans l'heureuse intervention du sieur Caron, qui a détourné l'arme dirigée sur lui, il pouvait devenir la victime de ces forcenés. L'un d'eux, lui ayant adressé la parole, s'était écrié: «*Ah! vous allez* «*pour égorger vos frères, lorsqu'ils se dévouent pour le* «*bonheur de tous !*» Un autre disait: «*C'est un épicier!* « *C'est un épicier! Il faut lui f..... son affaire.*»

Immédiatement après, tous ces insurgés se sont arrêtés à la porte du sieur *Jacques,* marchand de vin, au coin des rues des Jeûneurs et Montmartre, n° 158; quatre ou cinq sont entrés dans ce cabaret, et tous se sont immédiatement dirigés par la rue Montmartre sur celle Feydeau. Le signalement d'un de ces insurgés donné par le témoin *Jacques* paraît encore devoir s'appliquer au nommé *Argout:* c'est le même âge, la même taille, toujours la blouse blanche et un fusil de munition. Le sieur *Pion,* marchand de vin, rue du Petit-Carreau, qui avait vu la même bande lorsqu'elle allait dans la rue des Jeûneurs, donne, de celui qu'il a regardé comme le chef, un signalement exactement conforme à celui déjà plusieurs fois donné, et ce signalement présente toujours cette grande ressemblance avec celui de l'inculpé *Argout.*

Le même chef, les mêmes insurgés arrivent, presque
aussitôt après leur départ de la rue des Jeûneurs, dans
celle Saint-Marc-Feydeau; tous s'arrêtent à la grille du
passage des Panoramas. *Argout*, car c'est encore lui qui
est signalé par le sieur *Moulin*, entre seul dans ce passage;
il s'informe s'il y a un magasin d'armes, et, sur la réponse
incertaine ou négative qui lui est donnée par une jeune
débitante de tabac, il vient aussitôt rejoindre ses complices. Tous retournent dans la rue Montmartre, en passant par la rue Notre-Dame-des-Victoires, près de l'hôtel
de vente des commissaires-priseurs. Mais avant ils s'é-
taient mis en rapport avec la maison *Bonnefond* : plusieurs circonstances l'établissent, et deux témoins l'ont
positivement affirmé. Arrivés sur la place de la Bourse,
ils suivaient le côté de cette place, marchant doucement
en ordre, comme, selon l'expression d'un témoin, aurait
fait une véritable patrouille. Ils étaient huit, tous armés.
A leur tête se trouvait un homme assez grand, vêtu
d'une blouse grise, coiffé d'une casquette, armé d'un fusil
de munition, que sa figure faisait encore parfaitement
remarquer.

Un officier, un tambour de la garde nationale, et quelques hommes du 53ᵉ de ligne, de service au poste de la
rue Joquelet, avertis de la présence des factieux, s'em-
pressèrent de se mettre à leur poursuite. Ils s'étaient retirés dans la rue des Colonnes, et, à l'abri derrière les
piliers, à l'approche des soldats armés, ils ont fait sur eux
une première décharge de trois ou quatre coups de fusil.
Ayant quitté cette rue, ils ont encore, des rues Richelieu
et Feydeau, tiré trois ou quatre coups de feu, mais sans
atteindre personne.

De nombreux témoins attestent que les factieux, aussitôt après leur décharge, se sont dirigés vers les rues
Ménars et d'Amboise : il était alors huit heures un quart,

huit heures et demie. C'est au coin des rues Favart et
d'Amboise qu'ils ont été vus dans ce moment; c'est là
évidemment, ainsi que l'avis en avait été donné au lieutenant général *Cubières,* qu'on les a vus et entendus re-
charger leurs armes. Ils étaient huit ou dix; sept à huit
coups venaient d'être tirés dans la rue des Colonnes, ils
devaient se préparer à de nouveaux crimes. C'est en effet
quelques minutes après, ainsi que cela a déjà été établi,
que le colonel *Pellion* est devenu leur victime.

A peine les factieux avaient-ils consommé ce dernier
attentat qu'ils ont pris la fuite de divers côtés : et, voulant dissimuler la part qu'ils avaient prise à l'insurrection, ils se sont débarrassés de leurs armes : c'est ce qui
explique pourquoi des fusils dont le seul aspect indi-
quait qu'ils venaient de faire feu ont été trouvés dans ce
quartier.

ARGOUT.

Argout a jusqu'à ce jour échappé aux poursuites dont
il est l'objet; mais sa participation aux divers actes insurrectionnels qui viennent d'être établis ne paraît pas
pouvoir être mise en doute. Il est reconnu, signalé plusieurs fois, et notamment par deux témoins qui depuis
longtemps le connaissent, le premier comme ayant été son
compagnon de travail, le second comme portière de l'é-
tablissement dans lequel il était employé.

Les faits relatifs à *Herbulet* ont aussi une haute gravité.

HERBULET.

Immédiatement après les coups de feu tirés dans la
rue d'Amboise sur le colonel *Pellion,* un sergent de
ville, averti que huit ou dix insurgés fuyaient à l'approche d'un détachement de la garde nationale qui, de
la rue Vivienne, se dirigeait sur la place de la Bourse,
courut en toute hâte de ce côté. A son approche, les insurgés qui lui avaient été signalés se sauvèrent par la rue

Joquelet : un seul voulait les retenir; par ses signes comme par ses sifflements, il les appelait à lui : c'est à celui-là seul que l'agent s'est attaché. Cet insurgé, ne pouvant entrer dans la rue Feydeau, a pris celles des Filles-Saint-Thomas et Richelieu, et il a été arrêté près la Bibliothèque du Roi : c'était *Herbulet.* Il a aussitôt été reconnu, et constaté par des procès-verbaux réguliers, que cet insurgé avait les joues, les lèvres et les mains noircies par la poudre; la couleur et l'odeur des taches remarquées sur lui n'ont permis aucun doute à cet égard, et plusieurs témoins l'ont attesté. Il a été trouvé dans ses poches deux balles et environ une charge de poudre.

Aux premières interpellations qui lui ont été adressées, cet insurgé répondait : «Ce n'est pas moi; j'étais avec « les autres; je ne sais pas ce que vous voulez me dire.»

Depuis, et notamment dans son interrogatoire du 27 mai, il a fait connaître que dès trois heures il était descendu dans la rue ; que, poussé par la curiosité, il avait parcouru la plupart des quartiers dans lesquels les plus graves désordres avaient éclaté; qu'arrivé rue Montmartre, il avait trouvé des jeunes gens armés; qu'ils lui avaient proposé de venir se battre en lui promettant qu'on lui donnerait des armes; que dans ce moment on lui avait mis dans la main les deux balles et la poudre qui, lors de son arrestation, ont été trouvées sur lui. Il ajoute qu'il a été obligé de suivre le mouvement jusque, soit dans la rue Saint-Marc, soit dans celle Feydeau; que c'est alors que des coups de fusil ont été tirés par les insurgés sur la garde nationale et sur la troupe de ligne; qu'il a eu peur et qu'il s'est sauvé.

Ainsi, de son propre aveu, il a fait partie de cette bande qui s'est livrée aux diverses attaques qui ont eu lieu dans les rues Mondétour, des Jeûneurs, Saint-Marc et des Colonnes; mais il aurait, dit-il, agi comme contraint; il n'aurait point été armé, et il se serait séparé de ses complices lorsqu'ils avaient fait feu dans la rue des Colonnes.

Vous aurez à examiner, Messieurs, si l'on peut admettre ce système en présence des charges que nous venons de résumer.

VALLIÈRE.

Ce même jour, dimanche 12 mai, et à la même heure, vers 8 heures et demie, 9 heures moins un quart, et après l'assassinat tenté sur le colonel *Pellion*, deux personnes se trouvant dans la rue des Frondeurs ont vu deux insurgés venant de la rue Sainte-Anne : tous les deux étaient armés de fusils de munition. La précipitation de leur fuite, leur attitude, le soin qu'ils prenaient de cacher leurs armes, tout a fait comprendre la nécessité de les poursuivre et de les arrêter. A l'instant même, agissant simultanément, sans cependant se connaître, sans avoir pu se concerter, ces deux personnes se sont attachées aux pas de ces insurgés, qui, devenus dès cet instant l'objet de leur unique attention, n'ont pas été perdus de vue une seule minute.

Arrivés dans la petite rue Saint-Nicaise, les deux insurgés ont aperçu à son extrémité un détachement du 53ᵉ de ligne, qui avait reçu ordre de stationner sur ce point. Effrayés du danger dont ils étaient menacés et des cris : *Arrêtez ! arrêtez les brigands !* que proférait l'un des témoins, ils se sont empressés de jeter leurs armes au coin d'une borne. Elles ont aussitôt été ramassées, et, une minute après, un des deux fuyards, malgré la résistance qu'il a opposée, a été arrêté : c'était le nommé *François Vallière*. Son complice avait échappé à la poursuite dont il était l'objet.

Ainsi que l'avait reconnu le témoin, les armes étaient des fusils de munition. Tous deux étaient chargés et amorcés; un était armé : on a remarqué et constaté à l'instant même qu'il portait des traces toutes fraîches de

poudre. Il a été évident pour les militaires entre les mains
desquels cette arme était remise, et pour le commissaire
de police, qu'elle venait de faire feu.

Vallière, interpellé sur l'emploi de son temps dans
la journée du 12 mai, donne des explications peu sa-
tisfaisantes; elles témoignent toutes de l'embarras qu'il
éprouve et de la nécessité pour lui de recourir au mensonge.

A l'en croire, il aurait passé toute la matinée du dimanche chez un sieur *Gannière*, rue Montorgueil, n° 23.
Cet homme, ancien militaire, décoré, affirme que cela
n'est pas; qu'il n'a pas vu l'inculpé dans cette journée,
et qu'à l'époque du 12 mai il y avait plus d'un mois qu'il
n'avait entendu parler de lui.

Vallière prétend s'être trouvé, vers sept heures et demie, huit heures, dans la rue Neuve-Saint-Roch, et avoir
pris, pour revenir, la rue de la Michodière et d'autres
qu'il ne connaît pas.

L'heure et le lieu de son arrestation; le peu d'instants
qui s'étaient écoulés entre cette arrestation et l'attaque
du colonel *Pellion*; cette autre circonstance, que le
témoin *Lefebvre* croit reconnaître dans l'inculpé l'insurgé qui s'est emparé de son fusil, lorsque, en effet,
cette arme est une de celles jetées dans la rue Saint-
Nicaise, et ramassées à l'instant même par le témoin,
établissent de graves présomptions de culpabilité. Nous
devons dire enfin que les antécédents des trois prévenus
sont des plus mauvais.

Argout a été poursuivi, 1° en 1835, pour évasion de
détenus par bris de prison; 2° en avril 1837, pour provocation à la révolte.

Herbulet a été condamné, en 1831, à un emprisonnement d'une année pour propos séditieux. En 1837, il
a été poursuivi à Verdun pour complot.

Vallière a été arrêté, le 6 septembre 1835, pour provocation à la révolte; par ordonnance du 25 du même mois, il a été déclaré n'y avoir lieu à suivre. Il a été également arrêté, le 2 mars 1836, pour exposition publique de symboles séditieux, à l'occasion des couronnes déposées sur les tombes de *Pepin* et *Morey*. Il a été acquitté le 4 mai suivant.

ARRESTATION PLACE SAINTE-OPPORTUNE.

12 Mai, 6 heures du soir.

ÉLIE (Charles-Étienne), âgé de 22 ans, garçon marchand de vin, né à Paris, y demeurant, rue de la Vannerie, n° 35.

Vers six heures du soir, plusieurs tambours de la garde nationale sortirent de la mairie du 4ᵉ arrondissement pour battre le rappel.

Autour d'eux se trouvait une escorte composée de gardes nationaux et de soldats du 7ᵉ régiment de ligne, commandés par le lieutenant *Wattepain,* de la garde nationale.

Cette petite troupe était parvenue à la place Sainte-Opportune, lorsque la foule démasqua quatre hommes armés, rangés sur une même ligne, qui firent feu sur l'escorte et les tambours, à trente pas.

L'un d'eux avait tiré sur le lieutenant.

Celui-ci, tandis que sa troupe ripostait, se précipita sur les factieux, s'attachant à celui dont il avait essuyé le feu; il l'atteignit, sans l'avoir perdu de vue, et il lui porta un coup de sabre sur la figure, au moment même où cet homme se retournait pour attaquer de nouveau l'officier.

Le lieutenant *Wattepain* se saisit de sa personne, mais il ne put vaincre sa résistance qu'en lui portant un second coup dans le bas-ventre. Ces blessures, du reste, n'ont pas eu de gravité.

Il fut conduit d'abord jusqu'à l'escorte du rappel, et de là au poste de la Mairie, où il fut reconnu comme étant le nommé *Charles Élie.*

Quant au fusil, *Élie* en était encore porteur, lorsque le sieur *Wattepain* l'atteignit; mais celui-ci n'ayant pu s'assurer de l'arme, elle a été presque aussitôt ramassée par d'autres factieux. Étonnés sans doute de la hardiesse de l'officier, qui, seul, s'était aventuré au milieu d'eux, ils se bornèrent à lui porter quelques coups, dont fort heureusement il ne fut pas gravement atteint.

Comme on le voit, la position d'*Élie* est parfaitement fixée par ce rapide exposé, et nous n'avons qu'à nous y référer; ses antécédents sont peu favorables, d'ailleurs; il a déjà été arrêté quatre fois, et trois fois condamné pour vol, refus aux sommations et rébellion.

ARRESTATION RUE DES BOURDONNAIS.

12 Mai, 8 et 9 heures.

Galichet a été arrêté, dans la soirée du 12 mai, rue des Bourdonnais, porteur d'un fusil de munition, non chargé, qui a été reconnu provenir du pillage fait dans la boutique du sieur *Armand,* armurier, rue du Roule, et n'avoir point fait feu.

GALICHET.

Questionné sur la provenance de cette arme, *Galichet* a dit que, rentrant à son domicile et passant rue des Bourdonnais, il rencontra un blessé qui le pria de l'aider à se panser et de tenir son fusil; c'est alors qu'il fût arrêté. Quoique ce ne soit là qu'une allégation, les faits que vous venez d'entendre ne suffiraient pas, sans doute, pour motiver la mise en accusation de *Galichet,* s'il n'était reconnu par le caporal *Henriet* comme ayant fait partie des insurgés qui ont attaqué le poste du marché

13

Saint-Jean et comme lui ayant arraché son fusil. Vous vous souvenez de ces premiers détails; c'est là, à l'égard de *Galichet*, le point sérieux de votre examen.

Galichet est un soldat qui se trouve en congé depuis peu de temps; ses antécédents sont, du reste, très-favorables, et son maître actuel, le sieur *Decourt*, rend de lui le meilleur témoignage.

ARRESTATION, RUE SAINT-MARTIN.

12 Mai, 11 heures du soir.

GODARD (Charles), âgé de 40 ans, ouvrier bonnetier, né à Caen (Calvados), demeurant à Paris, boulevard Bourbon, n° 8.

Vers onze heures et demie du soir, des détachements de la troupe de ligne et de la garde nationale, sous le commandement de M. de Chasseloup-Laubat, chef d'escadron, aide de camp du ministre de la guerre, avaient reçu l'ordre de conduire de la mairie du 6e arrondissement à la caserne Saint-Martin, environ soixante prisonniers.

Arrivés dans la rue Saint-Martin, en face la rue Meslay, le capitaine, qui marchait en tête du détachement, vit quelques hommes arrêtés sur le trottoir. Leur attitude, leur air menaçant, firent naître dans son esprit la pensée qu'ils avaient l'intention d'exciter de nouveaux désordres, et de parvenir, par ce moyen, à la délivrance des prisonniers. Il enjoignit à ces hommes de passer leur chemin. L'un d'eux ayant résisté et proféré quelques paroles grossières, le capitaine le fit arrêter.

Réuni aux autres prisonniers, on s'aperçut aussitôt qu'il avait, dans la poche de sa redingote, un pistolet chargé, amorcé.

Cet homme était *Charles Godard*. Amené à la caserne, il a été trouvé sur lui, indépendamment du pistolet, un poignard, une poire à poudre contenant un peu de poudre fine, un moule à balles, six cartouches, quatorze balles, un couteau, un petit ciseau de menuisier, et deux morceaux de calicot.

On a remarqué, et il a été constaté par des procès-verbaux réguliers dressés à l'instant même de l'arrestation, et par les dépositions de plusieurs témoins, que l'inculpé portait à la figure, du côté droit, au-dessous et près de la moustache, une teinte noire. On a remarqué pareille tache au coin gauche de la bouche. Ses mains étaient aussi noircies; la couleur de toutes ces taches, leur odeur, ont dit les témoins, ne permettaient pas de douter qu'elles ne fussent produites par de la poudre.

Une perquisition immédiatement faite à son domicile a encore amené la découverte de dix cartouches, de deux balles de pistolet en plomb et étain, des débris d'un pistolet, de deux moules à balles, de chansons et couplets séditieux.

Dans ses premiers interrogatoires, *Godard* avait prétendu avoir trouvé les pistolet, poignard, cartouches, et autres objets saisis sur lui. Depuis, et lorsque l'expertise eut appris qu'il existait une similitude parfaite, sous tous les rapports, entre les cartouches trouvées sur lui et celles saisies à son domicile, il a été obligé de convenir que ces armes et munitions lui appartenaient; qu'il avait pris le tout lorsqu'il avait su qu'on se battait. Mais son intention, a-t-il dit, étant de s'en servir uniquement pour sa défense personnelle, et de *casser la tête* du premier individu qui viendrait le maltraiter.

C'est dans ces prétendues dispositions que *Godard*, rentré chez lui, vers trois heures, à la première nouvelle des événements, en est sorti aussitôt avec ses armes et munitions; que, de son propre aveu, il a parcouru tous les quartiers, théâtres de l'insurrection, depuis ce moment jusqu'à onze heures et demie du soir.

Bien que, soumis à des confrontations générales et particulières, il n'ait été reconnu par aucun des témoins

13.

mis en sa présence, on n'en doit pas moins être frappé des charges qui le signalent comme ayant pris une part active à l'insurrection. Les armes, les munitions trouvées sur lui et chez lui, les contradictions dans lesquelles il est tombé; les nombreuses traces noires remarquées sur ses lèvres et sur ses mains, la quantité infiniment petite de poudre trouvée dans sa poire à poudre; cette autre circonstance que son pistolet, chargé et amorcé, avait servi; que, selon l'expression de l'expert, il n'avait point été essuyé et était encore sur sa crasse de poudre, sont autant de preuves que la prévention groupe contre lui. Il semblerait même qu'il a fait usage d'un fusil et d'un pistolet, et que telle devait être son intention en sortant de chez lui pour se rendre au lieu de l'insurrection; car, indépendamment de la poudre fine et des petites balles d'étain moulées par lui, et du calibre de son pistolet, il avait emporté des cartouches et des balles qui ne pouvaient servir que pour fusil.

Godard, en 1834, était chef de section, dans la *Société des Droits de l'Homme;* il a été déjà poursuivi pour délit politique. Il n'a point abandonné ses anciens principes, et les écrits trouvés en sa possession indiquent qu'il appartient encore à des sociétés secrètes. On doit même conclure, à la lecture de l'un de ces écrits qui, suivant lui, lui aurait été remis, le 5 avril dernier, qu'il était initié au projet du comité exécutif; il a opiniâtrément refusé de faire connaître qui lui avait remis ces écrits.

ARRESTATION A DOMICILE.

PATISSIER (Pierre-Joseph), âgé de 22 ans, frotteur, né aux Avanchers (Savoie), demeurant à Paris, rue Vieille-du-Temple, n° 26.

Un commissaire de police, informé qu'un locataire de la maison rue Vieille-du-Temple, n° 26, était rentré porteur d'un fusil à deux coups, se transporta à cette adresse,

assisté de quelques gardes nationaux : sur les renseignements qui lui furent donnés, il monta à la chambre de
ce locataire, nommé *Pâtissier*, y fit une perquisition, et
découvrit, sous la paillasse du lit, un fusil à deux coups
chargé, et sur une table un pistolet chargé et un papier
contenant de la poudre, des capsules et des balles.

Interrogé sur la possession de ces armes et munitions,
Pâtissier déclara que le pistolet était en sa possession depuis six mois environ, et que le fusil, les balles, la poudre et les capsules lui avaient été remis, au coin de la rue
Saint-Merry, par un insurgé faisant partie d'un groupe
de cinq ou six qui l'avaient forcé de se joindre à eux; il
ajouta qu'il les avait accompagnés en effet; qu'il avait
même fait faction dans la rue Saint-Martin, et qu'il les
avait quittés aussitôt qu'il avait pu, emportant le fusil
qui lui avait été remis, et dont il se proposait de faire son
profit. Il nie, du reste, toute participation directe à l'attentat.

Mais ses allégations sont démenties par l'instruction;
car il en résulte que *Pâtissier*, qui avait été se promener
à Belleville avec un de ses amis, est rentré chez lui vers
sept heures et demie du soir; qu'il en est sorti presque
aussitôt (après toutefois avoir changé de vêtement et mis
sa blouse), en disant qu'il allait voir ce qui se passait, et
qu'il n'est revenu que vers neuf heures et demie. Il était
alors porteur du fusil saisi chez lui, et il annonça qu'il
avait tiré trois ou quatre coups de feu. Deux témoins
déposent lui avoir entendu dire, l'un, qu'il avait tiré plusieurs coups, et l'autre, qu'il s'était battu; ce qui semble
démontrer que cette assertion serait vraie, c'est que,
d'une part, ses mains et ses lèvres étaient noires de poudre, et que, de l'autre, il a été constaté non-seulement
que le fusil avait fait feu plusieurs fois, mais qu'on avait
aussi récemment fait usage du pistolet.

AUTRE ARRESTATION A DOMICILE.

Le lundi 13 mai, une fille, *Élisabeth Schwarth,* domestique chez le sieur *Bidault,* marchand de vin, route et barrière de Montreuil, n° 15, découvrit, avenue des Ormes où elle coupait de l'herbe, un fusil de munition caché dans un fossé du boulevard. Elle le fit voir au nommé *Renard* fils, qui l'emporta chez son père pour le faire remettre à l'autorité. Le lendemain, le prévenu *Stanislas-Benjamin Gérard,* vint chez *Renard* pour réclamer son fusil; mais celui-ci refusa de le rendre, en disant qu'il le remettrait au commissaire de police.

Gérard fut arrêté, et son aveu a pleinement confirmé la présomption résultant contre lui de la possession de l'arme. Il a dit qu'il était allé rue Grenétat, pour voir sa mère et changer de linge; qu'il s'était arrêté avec des camarades chez un marchand de vin, et que, quand il avait voulu entrer chez sa mère, il avait trouvé l'allée fermée; qu'alors une foule d'individus armés arrivèrent; que plusieurs d'entre eux s'approchèrent de lui, et lui dirent : *Il faut que tu viennes avec nous, que tu fasses comme nous ;* qu'il refusa, mais qu'on le menaça de le fusiller. Il avoue ensuite qu'il est resté, pendant environ une heure ou deux, avec les insurgés; qu'ils allaient et venaient, et qu'il a tiré plusieurs coups sur la troupe à une barricade située près de la cour Batave; que, pendant l'action, il a vu deux militaires tomber. Il prétend qu'il ne pouvait pas quitter, parce qu'il y avait toujours près de lui deux insurgés qui le gardaient; mais il y a, dans cette réticence, une invraisemblance qui résulte de la nature même des choses, et qui laisse supposer l'intérêt de *Gérard* à cacher une partie de la vérité.

Gérard est l'un des prévenus qui ont désigné *Hen-*

GÉRARD (Stanislas-Benjamin), âgé de 34 ans, vernisseur sur cuirs, né à Persant (Seine-et-Oise), demeurant à Paris, boulevard Charonne, n° 14.

drick comme l'un des chefs des barricades. Nous avons déjà eu l'occasion de vous le faire remarquer.

FAITS QUI SE RAPPORTENT AU LUNDI 13 MAI.

La journée du lundi, 13 mai, fut encore marquée par de nouveaux crimes; mais ces crimes n'eurent point l'importance et le développement des crimes de la veille. Des barricades tentées plutôt que construites; quelques coups de feu tirés çà et là; de l'agitation, de l'émeute; mais plus d'insurrection organisée.

Les chefs de la *Société des Saisons,* décimés par la mort, par l'arrestation ou par la fuite, manquaient à cette organisation.

Il faut bien reconnaître, néanmoins, que l'esprit de faction avait cherché à mettre à profit la nuit du 12 au 13, pour essayer une tentative nouvelle. Mais cette tentative avorta devant les dispositions militaires qui furent prises.

Toutefois, trois faits, qui ont, tous trois, un caractère grave, doivent encore fixer votre attention.

Le premier de ces faits ramène dans notre récit le prévenu *Dubourdieu.*   DUBOURDIEU.

L'autorité, avertie que le lundi, 13 mai, un rassemblement assez considérable devait avoir lieu dès le grand matin, près de la grille du passage Véro-Dodat, avait pris toutes les mesures nécessaires pour déjouer les projets des insurgés. Des agents, placés sur divers points dans le voisinage du lieu indiqué, y ont bientôt vu arriver plusieurs individus; ils ne s'étaient point arrêtés, on s'était contenté de les fouiller.

Ils étaient tous ouvriers tailleurs.

Dans le même moment, à quatre heures du matin, les agents aperçurent un homme qui, après être passé et repassé devant la grille, était allé se placer sous la voûte du cloître Saint-Honoré. Pendant quatre à cinq minutes qu'il est resté au coin de ce passage, on a remarqué qu'il regardait sans cesse du côté de la grille. Il devint évident pour tous les agents que cet homme était un insurgé exact au rendez-vous, et qui attendait impatiemment l'arrivée de ses complices; on l'a arrêté. Fouillé à l'instant même, malgré une longue et vive résistance, il a été trouvé sur lui huit cartouches et quatre balles. Interpellé sur sa présence dans ce lieu, et à pareille heure, il n'a pu rien répondre. Lorsque, plus tard, il a dû s'expliquer, il a prétendu qu'il allait à son ouvrage. Ses habitudes de tous les jours, les témoins entendus, ont établi que cette allégation était mensongère. En effet, à cette époque de l'année, les ouvriers tailleurs se rendent à leurs ateliers à six heures et demie, sept heures, au plus tôt.

Évidemment *Dubourdieu* n'allait point à son travail; il venait au rendez-vous concerté, dès la veille, entre lui et un nombre assez considérable d'ouvriers tailleurs, rendez-vous dont l'autorité publique avait été prévenue.

Ce fait, rapproché des faits du 12, et notamment de la scène du marché Saint-Jean, indique assez combien est coupable l'homme dont l'arrestation a été ainsi opérée. Il faut ajouter que les saisies faites à son domicile ont donné à cet égard un complément de preuves bien important. En premier lieu, on y a trouvé le *Code national* et la *Biographie des rois;* puis, quelques écrits de sa main et notamment un petit cahier, écrit presque tout entier, dans lequel se trouve, entre autres choses, un projet de discours digne de toutes les proclamations émanées des chefs de son parti.

Nous n'avons pu prendre au sérieux cette proclamation; il a été évident pour nous, à sa lecture, qu'elle n'était qu'un essai. C'est, à nos yeux, l'œuvre d'un homme affilié depuis quelque temps à une société secrète, impatient de s'y élever à un rang que son éducation ne semble pas lui réserver, et qui se prend, pour y parvenir, à épeler la langue des déclarations anarchistes et à étudier la grammaire des clubs. Ce qui donne évidemment ce caractère à un tel cahier, c'est qu'il se termine par une conjugaison tout entière, et que cette conjugaison est celle du verbe *conspirer.* Nous devons ajouter que cette conjugaison se termine elle-même par une phrase qui résume, sans aucun doute, la pensée de *Dubourdieu.* «Je conspire, dit-il, pour le bien de l'humanité, «pour réformer la corruption et les préjugés, qui laissent «le peuple dans la nuit des ténèbres et l'abaissent au rang «de la brute.»

Toutes ces pièces vous seront soumises, et elles vous serviront, avec les autres charges produites par la procédure contre *Dubourdieu,* à fixer sa situation judiciaire.

ARRESTATION RUE SAINT-MARTIN.

13 Mai, 5 et 6 heures du soir.

Le même jour, à cinq heures, le prévenu *Dugrospré,* que plusieurs témoins reconnaissent, ainsi qu'on l'a déjà vu, comme ayant été du nombre des factieux qui avaient assailli la veille l'hôtel de ville, fut arrêté dans la rue Saint-Martin au milieu d'un groupe qu'il excitait par des clameurs et des provocations séditieuses. Il avait été signalé aux gardes municipaux qui se sont emparés de sa personne par des citoyens qui l'avaient remarqué comme cherchant à propager le trouble et l'agitation. On trouva sur lui deux pistolets de calibres différents, des cartouches dont les balles étaient aussi de deux calibres, des capsules, et une pointe en fer destinée à servir de baguette pour bourrer. Dès lors on reconnut que ces pistolets, noircis par la poudre, avaient été récemment tirés : au moment

DUGROSPRÉ.

14

de l'arrestation, ils étaient tous deux chargés et amorcés.

Depuis longtemps *Dugrospré* était connu par la violence de ses opinions républicaines. Il avait été membre de la Société des Droits de l'Homme, et l'on a lieu de penser que depuis il n'est resté étranger ni à la Société de la Communauté, ni à celle des Familles. Dans une perquisition faite chez lui en 1836, un bonnet rouge avait été saisi.

Il reconnaît lui-même qu'il a passé les journées des 12 et 13 mai à se promener dans les rues, pour voir ce qui se passait, et qu'il n'a pas couché à son domicile dans la nuit du 12 au 13. C'est, suivant lui, la crainte d'une arrestation préventive qui l'a engagé à demander asile pour cette nuit à un homme avec lequel il n'est lié, dit-il, qu'imparfaitement ; et c'est aussi parce qu'il redoutait une perquisition que, dans la journée du 13 mai, il avait été prendre à son domicile ses pistolets, des cartouches et des capsules, et qu'il les portait chez ce même individu. Il ajoute qu'il a fait lui-même les cartouches pour s'en servir contre le Gouvernement, dans le cas où il marcherait sur les traces de Charles X, et que, si ses pistolets sont noircis par la poudre, c'est parce que, quinze jours auparavant, il les avait tirés dans la campagne.

Combattues par leur propre invraisemblance, ces explications sont aussi, pour la plupart, démenties par des faits matériels. Qui pourra comprendre, en effet, que si *Dugrospré*, étranger à la Société des Saisons et à ses odieux projets, avait été tourmenté, comme il le dit, par la crainte des investigations de la justice, il ait employé à se promener dans les quartiers que troublaient les factieux ces deux jours qu'il pouvait passer chez lui au milieu de sa famille et sous les yeux de ses voisins ?

Comment croire jamais qu'un homme qui se sait désigné, par une notoriété fâcheuse, comme un agent de trouble et de désordre, et qui craint qu'on ne lui fasse un crime d'avoir chez lui des pistolets, ait pu prendre cette résolution bizarre de mettre ces armes dans ses poches avec des cartouches, des capsules, et sans oublier même la baguette détachée qui doit servir à les bourrer? et puis que, nanti de ce périlleux attirail, il ait été se mêler aux groupes des factieux, ou traverser du moins les quartiers dans lesquels la sédition était encore flagrante? De pareilles suppositions sont évidemment inadmissibles; et quand on voit que, de son propre aveu, *Dugrospré* se trouvait, le dimanche 12 mai, vers deux heures, dans le quartier même que les sectionnaires des Saisons envahissaient, quand il convient qu'au moment même où les factieux armés commençaient leur marche, il commençait aussi ce qu'il appelle *sa promenade;* quand on sait que, pendant cette soirée, pendant cette nuit, il n'est pas rentré chez lui, et qu'il n'y a reparu le lendemain qu'un instant, pour calmer les inquiétudes de sa femme; quand on se rappelle enfin qu'il a été arrêté ce même jour, porteur d'armes et de munitions, au milieu des groupes qu'il provoquait, il devient impossible de douter qu'il n'ait pris à l'attentat la part la plus active.

Ce qui semble, d'ailleurs, donner à cette vérité un nouveau degré d'évidence, c'est d'abord la preuve acquise que les pistolets dont *Dugrospré* était armé avaient fait feu à une époque très-récente. Cette circonstance avait été constatée par les gardes municipaux qui avaient procédé à l'arrestation de cet inculpé. Un expert commis par le juge d'instruction a non-seulement reconnu sur l'un des deux pistolets les traces de la poudre brûlée, mais il a constaté encore que la face de la batterie avait été récemment attaquée par la pierre. D'un autre côté, les cartouches saisies sur *Dugrospré*, et qu'il prétendait avoir lui-même confectionnées, sont faites pour la plupart avec un papier couleur rose, dont la fraîcheur atteste qu'elles ne remontent pas à une date ancienne; et elles sont

14.

absolument pareilles à une portion notable de celles que les chefs des Saisons ont distribuées à leurs sectionnaires : l'expert a déclaré qu'elles provenaient de la même fabrication qu'un grand nombre de celles qui ont été trouvées dans les fusils saisis entre les mains des factieux, ou ramassées dans les divers lieux où des combats avaient été engagés. Il n'est donc pas vrai que les cartouches, comme le prétend *Dugrospré,* fussent en sa possession avant l'attentat du 12 mai, et qu'il les eût prises sur lui le 13 dans l'intention de les porter chez un tiers. C'est, au contraire, pour l'attentat qu'il les avait reçues, et c'est aussi pour l'attentat qu'il a fait usage de ses armes.

ATTAQUE RUE NEUVE-MÉNILMONTANT.

TENTATIVE D'ASSASSINAT SUR LA PERSONNE DU Sᵗ DUCHATELLIER.

12 et 13 Mai, 8 et 10 heures du soir.

BOUVRAND (Auguste), âgé de 26 ans, monteur en cuivre, né à Paris, y demeurant, rue des Enfants-Rouges, n° 5.

BUISSON (Louis-Médard) dit PIEUX, âgé de 22 ans, peintre sur porcelaine, né à Paris, y demeurant, rue Ménilmontant, n° 32.

Dans la soirée du 12 mai, un rassemblement de factieux, la plupart armés, se forma dans la rue Neuve-Ménilmontant, au coin du boulevard ; il y a lieu de croire qu'une partie du moins de ceux qui le composaient venaient des barricades qui avaient été construites dans l'intérieur du quartier du Marais ou du quartier du Temple, et que la force armée avait enlevées après plusieurs engagements sérieux.

Vers sept heures et demie, un garde national, vêtu de son uniforme et muni de ses armes, passa dans le voisinage de ce rassemblement ; il fut aussitôt assailli : on lui enleva son fusil, son sabre, ses buffleteries, et l'un des factieux, le couchant en joue, le menaça de la mort.

Le hasard avait amené dans la rue Ménilmontant un sieur *Duchatellier,* commis négociant : il s'approche, indigné, et représente aux factieux, en termes énergiques, la lâcheté du meurtre qui se préparait. Son

intervention facilite au garde national menacé les moyens
d'échapper ; mais *Duchatellier* voit les colères des insurgés
se tourner contre lui-même ; on le traite de mouchard, on
le menace, et un homme de grande taille, vêtu d'une
blouse, lui appuie un pistolet sur la gorge. Parmi les assaillants, il remarque un jeune homme armé d'un fusil,
porteur d'une giberne dont la buffleterie est marquée
d'une tache rouge, et qui s'écriait : *Il faut lui faire son
affaire.* Sur ces entrefaites, un jeune homme, également
armé d'un fusil, et venant de la rue Ménilmontant, arriva
sur le lieu de la scène : *C'est un mouchard,* dit-il, *je le
reconnais ; il faut qu'il se justifie ;* et cette assertion, que
peut expliquer la ressemblance réelle de *Duchatellier*
avec un sergent de ville habituellement employé dans le
quartier du Temple, rendit encore plus périlleuse la situation de ce courageux citoyen. Il se débattait cependant et
protestait avec énergie contre la qualification qui lui était
attribuée ; et, soit que ses paroles eussent fait quelque impression sur le groupe qui l'entourait, soit que la propo-
sition faite par l'un des assaillants d'aller enfoncer la
boutique d'un ferrailleur ait opéré une diversion salutaire, les insurgés se mirent en marche, en se bornant à
intimer à *Duchatellier* l'ordre de venir avec eux. Celui-ci
parvint bientôt à s'esquiver, et fut secondé dans sa fuite
par un sieur *Forsans,* tourneur en bois, qui avait été le
témoin de toute cette scène, et qui avait aussi remarqué
les deux jeunes gens armés de fusils sur lesquels avait été
fixée l'attention de *Duchatellier.*

Le lendemain, 13 mai, *Duchatellier,* après avoir passé
une partie de la soirée chez son père, sortit entre neuf et
dix heures du soir pour aller chercher un journal dans
un cabinet de lecture. Dans la rue des Fossés-du-Temple,
près d'un escalier qui monte au boulevard de la Galiote,
il fut assailli par huit ou dix individus, parmi lesquels il
distingua l'homme de grande taille qui lui avait mis la

veille un pistolet sous la gorge. Trois ou quatre de ces malfaiteurs s'efforcèrent de l'entraîner vers un égout voisin, en disant : *Voilà notre grand mouchard d'hier*. Il résista avec vigueur, et, dans la lutte, deux coups de poignard lui furent portés dans le ventre. Tout à coup l'un des assassins cria : *Sauve !* Ils se dispersèrent, et *Duchatellier* put regagner péniblement la demeure de son père. Les blessures qu'il avait reçues n'avaient pas paru d'abord avoir beaucoup de gravité ; mais bientôt des accidents menaçants se manifestèrent, et ce ne fut qu'au bout de vingt-cinq à trente jours que la guérison fut assurée.

Le nommé *Forsans* avait pu signaler deux des hommes qui avaient fait partie de ce rassemblement, au milieu duquel un garde national resté inconnu, et *Duchatellier*, avaient été successivement menacés de mort, dans la soirée du 12 mai. C'étaient les deux jeunes gens armés de fusils, dont l'un avait tenu le propos : *Il faut lui faire son affaire*, et avait ensuite excité ses complices à aller enfoncer la boutique d'un ferrailleur, et dont l'autre avait affirmé qu'il connaissait *Duchatellier*, et que c'était un mouchard. *Forsans* les connaissait précédemment tous deux, le premier, comme le fils d'une bouquetière du quartier, le second, comme vendant des contre-marques à la porte des théâtres du boulevard.

Celui-ci fut bientôt arrêté : c'est le nommé *Bouvrand*. Il avait été signalé comme vêtu d'une redingote brune dont le collet et les parements étaient garnis de peluche, et au moment de son arrestation il portait un vêtement pareil. *Forsans* l'a reconnu de la manière la plus formelle, et *Duchatellier*, sans donner une affirmation aussi positive, a déclaré cependant que l'individu armé qui a prétendu le connaître comme mouchard, avait la même taille, la même corpulence et le même son de voix que *Bouvrand*. A cette double reconnaissance, *Bouvrand* oppose les dénégations les plus absolues, et a même cherché à établir un alibi. Il prétend qu'il a passé toute cette soirée, soit devant le théâtre de la Gaieté, soit chez des marchands de vin qu'il indique. Mais, des nombreuses dépositions que l'instruction a recueillies sur ce point, il paraît résulter que *Bouvrand* a quitté le boulevard vers sept heures, pour aller conduire chez lui un nommé *Négrier,* dans le passage du Jeu-de-Boule, et qu'on ne le retrouve plus ensuite chez un marchand de vin qu'après l'heure à laquelle se placent les faits qui lui sont imputés.

L'autre individu signalé par *Forsans* était le nommé *Buisson,* dit *Félix Pieux,* peintre en porcelaine, jeune homme presque toujours oisif, vivant aux dépens de sa mère, et qu'on voyait souvent rôder sur le boulevard du Temple. Dans la soirée du 12 mai, il était sorti avec le nommé *Cornu,* coiffeur, chez lequel il avait passé une partie de la journée. Ils s'étaient dirigés vers la rue Charlot et la rue de Berry. Ils avaient vu dans cette dernière une barricade près de laquelle se tenait un homme armé d'un pistolet, et ils avaient rencontré des jeunes gens qui criaient aux armes. *Cornu* n'avait pas voulu continuer cette promenade périlleuse; mais *Buisson* l'avait quitté, en annonçant l'intention de parcourir le quartier. Vers neuf heures, *Buisson* était rentré chez *Cornu,* armé d'un fusil de munition, et nanti de poudre et de balles. Il prétendait qu'il avait été armé et entraîné par les factieux, et qu'il les avait quittés aussitôt qu'il l'avait pu.

Le lendemain, les conseils de plusieurs voisins le déterminèrent à déposer lui-même le fusil entre les mains d'un commissaire de police: cette arme était chargée, et elle avait servi; le bassinet en était encore noirci par la poudre. Elle appartenait au sieur *Boulommier,* garde national, dans le domicile duquel elle avait été enlevée, le 12 mai, de vive force par les insurgés.

Depuis, *Buisson* avait quitté Paris : il a été arrêté à Mantes, et il a déclaré, dans l'interrogatoire qu'on lui a fait subir dans cette ville, qu'il avait eu en sa possession, à la suite des attentats du 12 mai, deux fusils, le fusil de munition qu'il avait porté dans le bureau d'un commissaire de police, et un fusil de chasse qu'il avait caché dans la paillasse de son lit. Aussitôt que cette déclaration fut connue, une perquisition fut faite dans son domicile; mais le fusil de chasse n'y a pas été trouvé, soit que *Buisson* ait fait un mensonge dont on ne peut découvrir l'intérêt, soit plutôt que la prudence maternelle qui éloignait ce jeune homme de Paris ait compris les dangers que la possession de cette arme pouvait entraîner.

Quoi qu'il en soit, il demeure certain que *Buisson*, dans la soirée du 12 mai, entre sept et neuf heures, était dans les rangs des insurgés, armé d'un fusil, et dans le quartier précisément où s'est formé le rassemblement par lequel *Duchatellier* a été assailli. Les déclarations de *Forsans* et de *Duchatellier,* qui le signalent comme jouant un rôle actif dans cette bande d'insurgés, reçoivent de ce fait avéré une énergique confirmation, et les dénégations de *Buisson* ne peuvent les affaiblir. Il a prétendu, dans l'instruction, que le fusil dont il ne peut nier la possession lui avait été remis, par un individu qu'il ne connaît pas, au coin de la rue Neuve-d'Angoulême, près de la chaussée de Ménilmontant.

Il paraît démontré que *Buisson* et *Bouvrand* faisaient tous deux partie du groupe d'insurgés par lesquels *Duchatellier* a été menacé dans la soirée du 12 mai. Etaient-ils du nombre des malfaiteurs qui, le lendemain, l'ont assailli dans la rue des Fossés-du-Temple? *Duchatellier* ne peut le dire, et ce second fait n'a pas eu d'autre témoin. Mais, du moins, il n'est pas douteux que les auteurs des blessures graves que *Duchatellier* a reçues le 13 mai ne fussent du nombre de ceux qui l'avaient attaqué la veille, quand il voulait les empêcher de commettre un lâche assassinat. Ce propos : *Voilà notre mouchard d'hier,* ne permet pas sur ce point la plus légère incertitude. Si l'on considère maintenant que *Buisson* et *Bouvrand* sont tous deux des habitués du boulevard du Temple ; que *Bouvrand,* notamment, était, le lundi 13 mai, sur ce boulevard, de son aveu même, jusqu'à huit heures et demie, et qu'enfin c'est dans la rue des Fossés-du-Temple que la seconde attaque a eu lieu, on pourra sans doute concevoir les soupçons les plus sérieux. Mais on doit ajouter, à l'égard de ce fait du 13, que l'instruction n'a pas fourni, quant à présent, pour appuyer ces soupçons, les éléments d'une preuve complète.

Après vous avoir fait connaître les faits des journées des 12 et 13 mai, qui paraissent résulter de la procédure instruite contre les prévenus dont le sort vous est soumis, nous croyons devoir vous entretenir de divers événements postérieurs à cette époque, et dont la connaissance vous est utile pour apprécier avec exactitude le caractère politique et judiciaire des attentats dont le jugement vous est dévolu. Ce n'est pas seulement par les faits qui précèdent, c'est aussi quelquefois par les faits qui suivent, que l'on peut comprendre toute la gravité du danger dont l'État a été menacé, dont il peut l'être encore. Pour ceux qui seraient tentés de mesurer l'importance de l'attentat dont il s'agit, par l'importance sociale des individus arrêtés, il est nécessaire de répéter que la révolte des 12 et 13 mai n'a été que l'un des incidents de cette guerre longue et acharnée, que les ennemis de l'ordre public

livrent à la société depuis neuf ans, par tous les moyens
de destruction que l'esprit humain met à la disposition
du crime. Cette infatigable activité change quelquefois
d'instruments et de victimes; mais le but reste toujours le
même, et l'infernale perversité des moyens ne s'est pas
démentie.

Lorsque vous avez été saisis du jugement des attentats
des 12 et 13 mai, on pouvait croire que, découragés par
le mauvais succès de leur crime, et retenus par la crainte
de la justice du pays, ceux des factieux qui avaient
échappé à l'action des lois, ne chercheraient qu'à se faire
oublier, soit dans l'intérêt de leur propre sécurité, soit
dans celui de leurs complices traduits à votre barre. Il
n'en a point été ainsi: comme si le parti de la révolte avait
voulu réfuter à l'avance ceux qui ne voyaient dans l'insurrection du 12 mai qu'une entreprise sans portée, des faits
graves sont venus vous avertir de la profondeur du danger, au moment même où vous étiez livrés à vos devoirs de
juges. Cette audace caractérise le parti anarchique. Ainsi,
à une époque qui n'est pas éloignée, pendant que vous vous
occupiez du procès d'avril, l'attentat de *Fieschi* a éclaté,
et aujourd'hui que les auteurs de ce forfait sont devenus
l'objet des plus effrayantes apologies, on ne prétendra
plus que ce fut un crime isolé.

Ces traditions ne se sont pas perdues.

Vous savez que le 12 juin dernier, au moment de notre
rapport sur la première catégorie, l'autorité a saisi un
instrument qu'on peut appeler une sorte de canon, parce
que, sans en avoir la longueur, il en a la forme cylindrique,
et une largeur suffisante pour recevoir trente à quarante
balles, et de la poudre en quantité nécessaire pour les lan-
cer d'un seul coup. Au fond de ce cylindre est percée
une lumière par où le feu peut être communiqué du de-
hors comme dans les canons ordinaires. On a saisi en
même temps, et dans les mêmes mains, trente-six balles de

plomb, et une demi-livre de poudre disposée en gar-
gousse, du calibre de ce cylindre. Cet instrument est en
feuilles de fer battu, repliées en double, et fixées par des
clous.

Enfin, on a saisi aussi d'autres feuilles de fer battu percées
comme les premières; les individus arrêtés au moment où
ils étaient porteurs de cette sorte de canon, et où ils cherchaient, s'il faut les en croire, à le transporter hors de
Paris, ont refusé de donner aucune explication, soit sur son
origine, soit sur l'usage qu'ils voulaient faire de cet instrument, et des plaques de fer, qui, par leur longueur,
leur largeur, et les travaux déjà accomplis, paraissaient
ne pouvoir être employés qu'à la construction de tubes
semblables. Ce mutisme n'a rien d'étonnant, lorsqu'on
se rappelle que le silence le plus absolu devant les magistrats est le précepte fondamental des sociétés secrètes. Or, il
est difficile de méconnaître que *Flotte*, arrêté par suite
de la saisie du canon, appartenait depuis longtemps à
ces ateliers de conspiration. En 1836, son nom avait été
trouvé sur les listes de *Blanqui*; il est lié avec *Quarré*;
il était garçon de café dans ce même établissement où
Dubosc, condamné pour l'affaire des poudres, déposait
celle destinée à la fabrication des cartouches; dans cet établissement où il avait pour camarades *Pierre Bonnefond*,
blessé dans la révolte du 12 mai; un autre jeune homme
qui y a été tué, et *Besson* et *Gosset*, qui se sont ab-
sentés du café pendant la révolte, et qui ont été poursuivis comme y ayant pris une part active. Ce café était
connu pour la violence des principes politiques que les
gens de service y professaient avec une sorte de cynisme.
Flotte était fortement soupçonné d'avoir pris part à
l'insurrection du 12 mai. Quelque temps auparavant,
il avait quitté l'établissement; il a prétendu faussement
qu'il était resté chez lui pendant la journée du 12, et il ne
rend pas un compte satisfaisant de l'emploi de son temps;

FLOTTE (Benja-
min-Louis), âgé de
26 ans, cuisinier, né
à Cuers (Var), de-
meurant à Paris, rue
de la Cossonnerie,
n° 6.

15.

car, au lieu d'avoir gardé le lit comme il le prétend, il a été vu le 12 mai, allant et venant dans la rue de la Cossonnerie, où il demeure.

LAPIERRE (Jean-François), âgé de 36 ans, tourneur en cuivre, né à Paris, y demeurant, rue du Faubourg du Temple, n° 34.

L'instruction dirigée contre *Flotte* dut s'appliquer également au nommé *Lapierre*, qui avait été arrêté sur le même lieu et au même instant que cet inculpé. Cette coïncidence avait paru d'autant plus suspecte que *Lapierre* avait d'abord caché son véritable domicile : on a continué les recherches pour savoir si d'autres liens ne rattachaient pas *Lapierre* aux attentats dont la Cour est saisie. Mais nous devons dire que ces recherches n'ont pas produit de charges nouvelles contre cet inculpé.

WASMUTH (Jean-Joseph), âgé de 23 ans, bottier, né à Paris, y demeurant, rue du Four, n° 51.

A l'égard de *Wasmuth*, il était, à la vérité, en état d'arrestation au moment où la saisie du canon a eu lieu, car il avait été emprisonné à la suite des journées des 12 et 13 mai, et comme prévenu d'y avoir pris part ; mais il appartenait comme chef aux anciennes sociétés politiques ; il était lié avec *Flotte*, et s'était présenté avec des armes, le jour de l'insurrection, au domicile de ce dernier, pour lui parler ; *Flotte* étant absent en ce moment, il s'entretint longtemps à la porte avec la femme chez laquelle *Flotte* demeure.

Ce canon ne peut avoir une destination innocente, puisque *Flotte* refuse d'en faire connaître l'usage, et puisqu'il n'ose pas même entreprendre, à cet égard, la plus simple justification, tant il craint d'être entraîné malgré lui dans des explications qu'il redoute.

Ce tube, et les plaques de fer qui paraissent préparées pour en construire de semblables, ont exigé un certain temps, soit pour se procurer les matériaux, soit pour les mettre en œuvre, soit pour en combiner les proportions d'après la portée qu'on destinait aux projectiles : or, la saisie ayant été faite trente jours seulement après l'attentat, il est vraisemblable que la pensée première de cette machine a été à peu près contemporaine du 12 mai : mais, quand il y aurait quelques doutes à cet égard, il resterait toujours la certitude d'une destination criminelle, qui rattacherait cette fabrication à l'attentat de ce jour, sinon comme en étant une partie intégrante, au moins comme devant en être la continuation. Les hommes de désordre, vaincus dans les rues, et traduits à la barre de leurs juges, se préparaient à protester, par des crimes nouveaux, contre leur défaite de la veille et contre leur condamnation du lendemain.

C'était une protestation du même genre, que cette publication nouvelle du *Moniteur Républicain,* sur laquelle nous nous sommes expliqués.

Les renseignements recueillis dans l'instruction actuelle avaient fait sentir le danger qu'il y avait à laisser les boutiques d'armuriers offrir constamment à toutes les émeutes des moyens d'exécution faciles à conquérir. Une ordonnance de police, du mois de juin, a prescrit, sur le commerce des armes de chasse, des précautions qui, en cas de pillage d'un magasin de ce genre, mettent ceux qui auraient dérobé des parties d'armes, dans l'impossibilité de s'en servir.

Cette ordonnance salutaire a conduit les conspirateurs à recourir à la fabrication des bombes, genre de projectiles très-dangereux, malgré son imperfection.

Vers le mois d'août, les anarchistes avaient recommencé à se livrer avec une grande activité à la fabrication de la poudre. Dès le 29 octobre une certaine quantité de bombes a été saisie, ainsi que de la poudre et des ustensiles destinés à la fabriquer. On s'est livré aussi à la confection de cartouches et de poudre, comme l'ont prouvé une découverte faite dans la rue Saint-Antoine, et d'autres découvertes postérieures, et notamment celle du 5 courant, rue Sainte-Avoye.

Pendant qu'une instruction judiciaire se suivait sur des découvertes aussi graves, le 28 du mois dernier, à huit heures du soir, l'explosion d'une bombe dans la rue Montpensier, près du Palais-Royal, est venue jeter l'alarme dans ce quartier populeux. Un nommé *Béro*, déjà repris de justice et gracié, a été arrêté comme prévenu d'être l'auteur ou l'un des auteurs de cet événement: l'on a trouvé à son domicile de la poudre et des bombes, et sur sa personne une pièce qu'on annonce être écrite de sa main, et dont la teneur vous paraîtra sans doute importante dans les circonstances où nous sommes: nous la rapportons en entier:

AU NOM DU COMITÉ :

Les travaux sont ouverts ;

Tu jures de ne rien révéler de ce qui va se passer ici ?

Ton nom ? — Ta profession ? — Ton âge ? — Ton domicile ? — As-tu été déjà mis en prison ? — Quelles sont tes intentions en te présentant parmi nous ? — Sais-tu dans quel but nous sommes réunis ? — Que penses-tu du Gouvernement ? — De la royauté ? — Quel est le Gouvernement qui doit faire le bonheur du peuple ?

As-tu bien réfléchi, avant de te présenter parmi nous, à l'importance de ton action ? — As-tu senti quels sacrifices il te faudrait faire pour tenir l'engagement que tu vas prendre ? — Te sens-tu la force et le dévouement d'imiter nos frères du 12 mai ? — Te sens-tu le courage de combattre l'odieux pouvoir sous lequel nous gémissons, dans la rue, si nous sommes assez forts pour lutter, et dans l'ombre, si nous y sommes obligés ? Nos frères sont morts victimes de la tyrannie ; la tâche glorieuse de les venger nous est réservée ainsi que celle de continuer leurs œuvres. Pourtant, nos ennemis sont puissants et nombreux ; ils ont le pouvoir en main, de l'or en quantité, des bastilles sans nombre, et puis des échafauds ! Et nous, il ne nous reste, pour triompher, que notre vertu ; nous sommes pauvres, nous n'avons que nos bras, et souvent ils sont chargés de fers ! Notre nom, à nous démocrates, est proscrit ; partout le vice opprime la vertu, partout le crime est permanent ; ce n'est, autour de nous, qu'infamie et corruptions. Dévouons-nous donc, dévouons-nous à la régénération de notre époque : une tâche large et belle, voilà notre but ; l'extinction de l'exploitation des priviléges, notre récompense !

Te sens-tu le courage de braver la prison pour remplir tes devoirs de citoyen ? as-tu bien compris que le dévouement que nous exigeons pour prendre place parmi nous était sans bornes : qu'il faut un pareil dévouement pour renverser les méchants ; pour faire triompher notre sainte cause ; pour détruire cette aristocratie orgueilleuse et misérable pour laquelle sont tous les droits, toutes les jouissances, qui dicte les lois qui nous tyrannisent, qui se plonge dans le luxe et la débauche pendant que nous travaillons, nuit et jour, pour gagner un morceau de pain ?

C'est à nous travailleurs, qui produisons, qu'appartient le droit de gouverner enfin. C'est à nous, si longtemps opprimés, qu'est réservée la gloire de briser les fers des esclaves, de secouer le joug odieux de la tyrannie, de renverser ces brigands couverts du nom sanglant de rois, et de plonger nos poignards dans leur sein ; assez longtemps l'humanité a gémi sous eux, il est temps que la justice se fasse ; ils se sont partagé les peuples comme on ferait d'un bétail, ils les ont vendus ; ils se sont vautrés dans leur sang, et, digne de ces exemples, le monstre qui pèse sur nous, l'exécrable Philippe, a su les imiter; il a fait égorger nos frères qui demandaient du pain, qui réclamaient leurs droits; mais aussi, comme eux, il recevra le prix de ses forfaits: nos poignards lui rendront justice, car tout roi n'est roi que par le crime, et tout criminel mérite la mort.

Oui, mort aux rois et aux aristocrates! à toute cette bourgeoisie, cette classe d'exploiteurs qui n'a pas dans l'âme un sentiment généreux et humain, qui se rit de notre misère et de la faim qui torture nos entrailles. Trop longtemps ils nous ont pressurés, leur règne va finir; soyons assez courageux, et leur sang viendra cimenter notre triomphe: peut-être succomberons-nous encore; peut-être les méchants seront-ils encore les plus forts, et n'obtiendrons-nous que la mort pour notre dévouement; mais nous aurons fait notre devoir, et nous saurons, sans pâlir, subir avec courage le sort d'*Alibaud!* Te sens-tu, citoyen, tout le dévouement nécessaire pour une pareille lutte?

As-tu bien compris que le seul remède à nos maux était l'insurrection ou le régicide? As-tu senti ton cœur frémir d'indignation devant les crimes du pouvoir?

Écoute : bientôt, peut-être, descendrons-nous sur la place publique pour livrer une nouvelle bataille à la royauté; te sens-tu l'énergie de suivre l'exemple de tes frères de juin, d'avril et de mai?

Si ton cœur a dicté tes réponses, si tu n'es pas un traître, tu es digne d'être avec nous; nous allons te donner connaissance de notre association.

Mais avant, voici nos principes : fraternité, égalité, dévouement. Nous voulons la communauté des travailleurs, c'est-à-dire l'abolition de l'exploitation de l'homme par l'homme; établir des ateliers nationaux où le prix du travail soit réparti entre les travailleurs, où il n'y ait plus de maîtres ni de valets; nous voulons des écoles nationales où tous les citoyens puissent, sans rétribution, faire instruire leurs enfants. Nous voulons un asile pour les vieux ouvriers, comme pour les vieux soldats. Nous voulons abolir la richesse en détruisant la pauvreté; nous voulons que la patrie assure à chaque individu le bien-être; nous voulons que tous portent les armes pour la défense de la patrie et la propagande de la liberté, ainsi que pour l'affranchissement des peuples; nous voulons délivrer nos frères d'Europe, les Polonais héroïques, ces malheureux Italiens, et tous ces misérables esclaves de l'oppression sous laquelle ils gémissent; nous voulons les rendre libres en jurant haine et mort à leurs tyrans et en détruisant les nôtres; nous voulons abolir les préjugés des religions, car Dieu est bon pour tous les hommes, les hommes sont méchants; nous voulons leur rendre la lumière en exterminant les prêtres qui les trompent; enfin, nous voulons la république avec toutes ses vertus et tous ses miracles, au prix de notre sang; nous le voulons, et toi, citoyen?

Si ton dévouement égale ton patriotisme, tu marcheras avec nous; voici nos principes, sont-ils les tiens?

Pour arriver à renverser la royauté, nous nous sommes organisés secrètement : nous avons mieux fait que nos prédécesseurs, car notre énergie et notre conduite seront plus dévouées; nous voulons arriver au but, et tous les jours nous nous en occupons. Voici, du reste, notre organisation, sois attentif.

Un comité, composé de trois citoyens, a été formé par douze chefs d'arrondissement pour diriger l'association, il doit rester inconnu : ce sont des hommes qui ont fait leurs preuves; tu connaîtras ceux qui l'ont nommé et tu peux les changer par l'élection; les chefs d'arrondissement commandent quatre chefs de quartier, qui eux-mêmes correspondent avec quatre chefs de brigade qui commandent chacun huit hommes; les hommes d'une brigade seuls se connaissent entre eux; hors de là, le reste est ignoré; le chef de brigade reçoit les ordres du chef de quartier; ce dernier, du chef d'arrondissement, et celui-ci, du comité directement. Aucune liste, aucun papier n'existe parmi nous; la liberté ne court aucun danger.

Une réunion aura lieu chaque semaine; le chef de brigade l'indiquera; il communiquera un ordre du jour du comité qui instruira les citoyens des principes et des progrès de l'association.

Chaque membre sera tenu de verser, à son chef de brigade, par semaine, l'argent dont il pourra disposer pour secourir les nécessiteux d'entre nous. Ensuite, sur cet argent il sera prélevé 3 francs par semaine pour chaque détenu, et 0 autres pour sa femme, ses enfants ou sa mère.

Chaque membre est engagé, en entrant, d'apporter, à son chef de brigade, une demi-livre de poudre et deux livres de plomb, ainsi que de se procurer des armes.

Le comité s'engage, du reste, à fournir les armes quand il en sera temps, ainsi qu'à se faire connaître; il pourvoira à tout, mais il exige l'exactitude à ses avis.

Ainsi, tu le vois, citoyen, nos principes sont les plus avancés, tu as les garanties que tu peux désirer, si tu te sens capable de remplir les engagements que tu vas contracter; lève-toi, nous allons recevoir ton serment et t'admettre parmi nous.

Tu jures de ne jamais révéler à qui que ce soit, pas même à ceux qui t'approchent le plus près, rien de l'association ni de ce que nous ferons?

Tu jures d'exécuter les ordres qui te seront donnés?

Tu jures haine et mort à la royauté ainsi qu'à tous ses suppôts?

Tu jures de dévouer ta fortune et ta vie au triomphe de la République?

Tu jures de poursuivre de ta vengeance les traîtres s'il s'en trouve parmi nous?

Eh bien! que ton sang retombe sur ta tête, que tu sois puni de la mort des

16

traîtres si tu fausses ou trahis ton serment! Nous te recevons au nom du comité; tu es membre des jacobins; tu es jacobin, souviens-toi!

Maintenant il est de ton devoir, si tu connais des citoyens discrets et dévoués,
de nous les présenter.

: Tu dois aussi travailler à faire des prosélytes, c'est ton devoir.

Une autre pièce, saisie en même temps, annonce la for-
mation du comité dont parle ce formulaire.

Il est évident, par ces documents, qu'une société nouvelle s'est reconstituée depuis la révolte du 12 mai, avec
les débris des sociétés anciennes; que cette société a pour
objet avoué la destruction du Gouvernement, l'abolition
de la propriété, et pour moyens, le régicide et l'assassinat. Dignes successeurs des anciens sectaires des *Droits
de l'homme*, des *Familles*, des *Saisons*, les fondateurs
de la société nouvelle se sont mis, en quelque sorte, sous
la bannière de Saint-Just, dont ils citent les doctrines
avec enthousiasme, et ils ont ambitionné un nom qui
fait encore, après plus de trente ans, l'effroi de la pos-
térité; ils ont voulu s'appeler *Jacobins!*

Les doctrines qu'exposent les pièces saisies sur *Béro*
ne sont que celles du *Moniteur Républicain*, et que
notre premier rapport vous a signalées comme profes-
sées ouvertement par les meneurs de la révolte des 12
et 13 mai.

Ces prédications incendiaires, répétées pendant tant
d'années dans les conciliabules de la sédition, ont porté
des fruits bien amers. Le deuil si souvent répété de nos
cités les plus populeuses nous a appris à quels excès peut
conduire le fanatisme politique.

Il y a quelques jours, le 4 de ce mois, un nouveau
crime est venu affliger la capitale. En plein jour, sur
une de nos promenades les plus fréquentées, sur le boulevard Saint-Martin, une tentative d'assassinat a été
commise sur la personne d'un sergent de ville. Un coup

de pistolet a été tiré sur lui à bout portant par un jeune
homme de dix-sept ans, qui a avoué le fait avec impu-
dence, en alléguant que le sergent de ville l'avait mal-
traité en dispersant un rassemblement dans les premiers
jours d'avril. C'est seulement pour frapper UN AGENT
QUELCONQUE de la force publique que le coup a été porté.
Le prévenu était armé non-seulement du pistolet dont il
a fait usage, mais encore d'un poignard dont la lame
avait été hérissée de pointes. C'était un jeune ouvrier qui,
de son propre aveu, faisait partie des rassemblements
d'avril, préliminaire de l'insurrection du 12 mai. Son
langage et les écrits trouvés sur lui l'indiquent comme
appartenant à la faction anarchiste la plus dangereuse;
comme étant un des membres de cette jeunesse ignorante
et impétueuse dont on exalte les passions, dont on excite
les besoins, et que des enseignements coupables prépa-
rent de longue main aux plus odieux guet-apens.

Sans doute il ne dépendra pas de quelques individus
de changer à leur gré les destinées de la France : quelques écrits fabriqués dans un obscur laboratoire ne sont
pas l'opinion publique; quelques jeunes gens fanatisés
par des enseignements exécrables, quelques ouvriers pa-
resseux et turbulents, ne sont pas la nation, même quand
ils seraient dirigés par d'habiles intrigants.

Mais lorsque des hommes se sont trouvés, hypocrites ou
pervers, pour recruter tous les besoins, toutes les haines,
les passions les plus contraires, les vœux les plus oppo-
sés, pour les mettre à la solde de quelques individualités
ambitieuses ou cupides; lorsqu'on répète sans cesse aux
crédules que tout gouvernement est ennemi des gouver-
nés; que ceux qui possèdent sont les ennemis de ceux qui
travaillent; que l'ordre c'est l'oppression; que la distribution actuelle du travail est une iniquité; que la liberté
est le droit de vivre et de se livrer à toutes les jouissances sans travail; lorsque ces enseignements anar-

16.

chiques sont répétés, avec des formes adoucies, par quelques organes de la presse, et, dans les sociétés secrètes, par les commentaires passionnés des ordres du jour du comité directeur, faut-il s'étonner que de telles semences portent des fruits cruels, et qu'après qu'on a tout fait pour exalter les passions haineuses, les crimes se multiplient avec une effronterie plus dangereuse encore que l'impunité? Ainsi nous voyons les hommes initiés à ces funestes conciliabules former comme une nation à part au milieu d'une nation civilisée : les magistrats du pays ne sont pas leurs magistrats, ils les appellent leurs ennemis; les lois du pays ne sont, à leurs yeux, que des actes violents d'un pouvoir arbitraire; ils se considèrent et se disent impudemment en état de guerre avec la société tout entière; armés sans cesse de pistolets et de poignards, ils marchent, au milieu de la capitale, comme un sauvage au milieu des tribus ennemies; leur domicile est garni de poudre, de balles et de bombes; l'explosion d'un projectile plus ou moins formidable peut attendre, au coin de la rue la plus fréquentée, le citoyen le plus paisible. Et les hommes qui voudraient ainsi faire rétrograder notre civilisation jusqu'aux siècles de la barbarie s'appellent des hommes *de progrès et d'avenir!* Non, ils ne parviendront point à faire accepter à notre temps, à notre pays, à une nation aussi justement renommée pour la douceur de ses mœurs, une si grossière déception.

Toutefois, on ne saurait se le dissimuler, Messieurs, un grand mal a été fait; et ce mal, qui est l'œuvre d'une perversité patiente et opiniâtre, ne peut être guéri que par l'union longue et persévérante des pouvoirs publics et des bons citoyens.

FIN.

LISTE ALPHABÉTIQUE

DES

INCULPÉS COMPRIS AU PRÉSENT RAPPORT,

AVEC L'INDICATION DES PAGES OÙ SONT EXPOSÉS

LES FAITS RELATIFS À CHACUN D'EUX.

TABLEAU

DES

DIVISIONS DU PRÉSENT RAPPORT.

www.ingramcontent.com/pod-product-compliance
Lightning Source LLC
Chambersburg PA
CBHW071821090426
42737CB00012B/2153